QUESTIONS
ET EXERCICES

À L'USAGE DES ÉLÈVES

PARIS. — IMPRIMERIE DE CH. LAHURE
Rue de Fleurus, 9

QUESTIONS
ET EXERCICES

SUR LA

GRAMMAIRE LATINE DE LHOMOND

REVUE ET COMPLÉTÉE PAR B. JULLIEN

A L'USAGE DES ÉLÈVES

PARIS
LIBRAIRIE DE L. HACHETTE ET Cie
BOULEVARD SAINT-GERMAIN, N° 77

1863

(G.)

PRÉFACE.

Mon principal objet dans la révision que j'ai faite de la grammaire de Lhomond a été d'accélérer l'étude des éléments du latin, en les ramenant autant qu'il était possible aux vrais principes de la grammaire générale, et en écartant tout ce qui n'avait qu'une utilité restreinte, et qu'il était inutile d'apprendre par cœur, puisqu'on pouvait le trouver dans le dictionnaire.

Mais pour tirer le meilleur parti du livre théorique ainsi retouché, il en fallait composer un autre, tout pratique, qui permît d'appliquer immédiatement, et de toutes les façons, les connaissances que l'on venait d'acquérir. C'est à quoi est destiné ce recueil de *Questions et exercices sur les éléments de la grammaire latine;* lequel comprend sous les titres de *Questions théoriques*, *Sujets*, et *Questions appliquées* à peu près tout ce que l'on peut exiger d'un bon écolier de septième.

Les *Questions théoriques*, d'abord, reproduisent toute la théorie grammaticale sous la forme d'interrogations. Sur quelque point que ce soit, le maître peut suivre la série des questions comprises sous un paragraphe; l'élève qui y répondra bien, saura bien tout ce paragraphe; il saura tout le chapitre quand il répondra bien aux questions du chapitre; et la grammaire entière s'il répond à toutes celles du livre. Les questions du reste sont au nombre de 886; et l'on voit par là combien de notions utiles sont condensées dans le petit volume des *Éléments de la grammaire latine*.

Les exercices de *Déclinaison* et de *Conjugaison* sont la plus simple et la première application de l'étude des noms et des verbes latins; et ils entrent à leur tour dans les questions théoriques où ils sont ce qu'ils sont partout. Mais ceux que je donne sur les verbes irréguliers sont tout à fait nouveaux et dépendent de la manière dont la liste de ces verbes a été dressée dans la grammaire. En effet, chaque verbe, au lieu d'avoir sa conjugaison figurée comme on le fait ordinairement, n'obtient qu'un court alinéa où sont marquées seulement ses irrégularités. L'enfant chargé de conjuguer un de ces verbes a donc à faire un petit travail d'intelligence avant d'exercer directement sa mémoire. Il faut qu'il compose lui-même son verbe d'après les indications suffisantes, mais abrégées, qui sont données dans la liste des irréguliers. L'alinéa du verbe *malo* par exemple, n'a que six lignes. Il faut d'après elles que l'élève en rédige la conjugaison entière, savoir : l'indicatif avec ses six temps, moins le futur qui manque; l'impératif, en marquant qu'il n'existe pas dans ce verbe; le subjonctif avec ses quatre temps; l'infinitif avec le présent et le parfait; les futurs manquent; les participes, le supin et le gérondif manquent également, mais leur place est marquée dans la conjugaison, et l'élève dans son travail doit indiquer cette place en ajoutant l'observation qu'elle reste vide. Cet exercice ainsi conçu et exécuté, est certainement un des plus profitables qu'on puisse exiger des écoliers.

Les *Sujets de devoirs* viennent aussitôt après les questions théoriques. Dans l'étude des langues, on ne saurait trop tôt passer à la pratique. Dès qu'on sait une règle, il faut l'appliquer. Aussi, dès qu'on a montré les lettres latines aux enfants, ils trouvent ici du latin à lire, et pour qu'ils ne disent pas des mots sans y attacher un sens, ce latin est accompagné d'une traduction interlinéaire, jusqu'à ce qu'ils soient capables de le traduire eux-mêmes. Ce que je dis ici à propos de lettres, il faut l'entendre de tout le reste. Des sujets de devoirs sont donnés à propos de tout ce qui vient d'être appris, et permettent à l'élève de montrer comment et jusqu'à quel point il a profité des leçons reçues.

Le *Choix des sujets* n'est pas indifférent. Il faut qu'ils soient intéressants, et pour cela qu'ils présentent, soit dans leur ensemble, soit dans leurs parties, un sens complet, terminé, qui ne laisse rien désirer après lui. Les petits écrivains latins, les modernes qui ont écrit en latin, les cahiers des professeurs de l'ancienne Université de Paris, sont des mines très-riches où j'ai puisé volontiers et d'où j'ai tiré de jolis devoirs. Mais on me saura surtout gré, je le pense, d'avoir offert à l'attention des élèves les principales prières, l'oraison dominicale, la salutation angélique, le symbole des apôtres, le *confiteor*. Quiconque apprend le latin, doit tout d'abord aspirer à comprendre les prières qu'il récite, et je m'étonne qu'on ne les ait pas jusqu'ici placées dans les recueils de devoirs pour les jeunes latinistes.

On sait combien il importe de varier les devoirs donnés aux écoliers, afin d'exercer leur esprit dans toutes les directions; aussi nos sujets se prêtent-ils également et selon l'avancement des élèves, à la lecture, à la traduction du latin en français, et du français en latin, et aux analyses dirigées par les demandes du maître.

Ce sont là nos *Questions appliquées*, qui viennent après chaque sujet latin et qui, s'appliquant à ses mots ou à ses phrases, montrent sous un point de vue nouveau si l'élève a compris les définitions ou les règles apprises récemment, et s'il sait en faire usage. Des questions analogues à celles de ce volume pourront toujours être adressées ; elles sont infinies en nombre. J'en donne ici bien près de six cents, qui monteraient assurément à plusieurs milliers, si l'on voulait reproduire à mesure qu'on avance, toutes les questions posées dans les paragraphes précédents.

Les *Phrases imitées* sont encore un exercice avantageux et agréable à l'enfance. On fait faire ainsi de très-bonne heure des phrases latines plus ou moins longues à des enfants qui ne seraient pas capables de les construire en totalité, en leur expliquant une phrase modèle, et y changeant seulement les mots qu'ils savent, par exemple les noms, s'ils n'ont appris que les noms, les noms et les adjectifs s'ils connaissent ces deux espèces de mots, et ainsi de suite. Il n'y a ici qu'un seul exemple sous ce titre spécial (p. 30); mais on en trouvera d'autres dans les questions appliquées; et il n'y a pas de phrase latine qui ne puisse donner lieu à des transformations pareilles.

Ce recueil, bien que réduit à de petites dimensions, comprend donc des questions et des exercices de beaucoup de sortes; il permet d'étudier, sous toutes ses faces, l'esprit des élèves; il résume et rappelle toute la grammaire étudiée ; et, comme celle-ci comprend tout ce qu'il y a de généralement utile dans le latin, on arrive sûrement et rapidement à posséder ce qui peut être regardé comme nécessaire et avec quoi il sera facile d'apprendre le reste.

C'est là l'avantage d'une bonne méthode. Elle donne d'abord et dans le meilleur ordre les connaissances indispensables, celles sur lesquelles viendront s'appuyer toutes les autres ; et alors pour peu que le travail des écoliers soit bien dirigé, qu'ils comprennent bien ce qu'on leur explique, et ne perdent rien ou presque rien de ce qu'ils ont appris, les résultats ne se feront pas attendre, et ils étonneront presque toujours ceux qui ne savent pas comment on les a obtenus.

QUESTIONS ET EXERCICES
SUR LES ÉLÉMENTS
DE LA
GRAMMAIRE LATINE.

CHAPITRE PREMIER.
ÉCRITURE ET LECTURE.

§ 1. GRAMMAIRE; MOTS; SYLLABES; LETTRES; ALPHABET.

QUESTIONS THÉORIQUES.

1. Qu'est-ce que la grammaire ?
2. Qu'est-ce que parler ?
3. Comment s'appellent les sons avec lesquels on exprime ses idées ?
4. Qu'est-ce qu'un mot ?
5. De quoi se compose un mot quand on le prononce ?
6. Qu'est-ce qu'une syllabe ?
7. Comment appelle-t-on les mots d'une seule syllabe ?
8. Comment appelle-t-on les mots de plusieurs syllabes ?
9. Avec quoi représente-t-on les sons des mots ?
10. De quoi sont composés les mots écrits ?
11. Combien y a-t-il de lettres dans la langue latine ?

EXERCICES J. — ÉLÈVES.

12. Comment se nomment les lettres en latin, et quelle est leur valeur?

13. De quoi se compose l'alphabet latin?

14. Combien y a-t-il de sons dans une syllabe?

15. Combien a-t-on distingué de sortes de lettres?

1ᵉʳ SUJET.

Ave, Maria, gratia plena; Dominus
Je vous salue, Marie, de grâce pleine; le Seigneur
(est) tecum; benedicta tu (es) in mulieribus;
est avec vous; bénie vous êtes entre les femmes;
et benedictus (est) fructus ventris tui
et béni est le fruit de vos entrailles,
Jesus. (S. Luc, I, 28.)
Jésus.

QUESTIONS APPLIQUÉES.

1. Combien y a-t-il de mots dans la première section?
2. Combien y a-t-il de syllabes dans chacun d'eux?
3. Décomposez ces mots en leurs syllabes.
4. Comment s'appellent ces mots eu égard au nombre de leurs syllabes?
5. Y a-t-il des monosyllabes dans ce sujet?
6. Combien y a-t-il de lettres dans *Maria* et dans *Dominus*?

§§ 2, 3. VOYELLES, VOYELLES DOUBLES, DIPHTHONGUES.

QUESTIONS THÉORIQUES.

1. Quelles sont les voyelles en latin?
2. Pourquoi les appelle-t-on *voyelles*?
3. Qu'appelle-t-on voyelles *longues* et voyelles *brèves*?
4. Savons-nous quelle était la prononciation exacte du latin?
5. Combien distinguons-nous d'*a* en latin?

ÉCRITURE ET LECTURE.

6. Combien distinguons-nous d'*e*?
7. Distinguons-nous ces différents *e* par des accents comme en français?
8. L'*e* est-il quelquefois muet en latin?
9. Combien y a-t-il de sons pour l'*i*?
10. Combien y a-t-il de sons pour l'*o*?
11. Comment prononçons-nous l'*u*?
12. N'y a-t-il pas aussi un *u* nasal?
13. Quel son donnons-nous à l'*y*?
14. Qu'appelle-t-on *voyelles doubles*?
15. Quelles sont les voyelles doubles en latin?
16. Qu'appelle-t-on aujourd'hui *diphthongue*?
17. Qu'appelle-t-on *diphthongue* en latin?
18. N'y a-t-il pas de vraies diphthongues dans des mots comme *pia, tua*?

2ᵉ SUJET.

Nolite judicare, ut (vos) non judicemini. (S. Matthieu.)
Ne veuillez pas juger, afin que vous ne soyez point jugés vous-mêmes.

QUESTIONS APPLIQUÉES.

1. Combien y a-t-il de voyelles dans cet exemple?
2. Combien y a-t-il d'*a*?
3. Combien y a-t-il d'*e*?
4. Combien y a-t-il d'*i*?
5. Combien y a-t-il d'*o*?
6. Combien y a-t-il d'*u*?
7. Parmi ces voyelles, y en a-t-il de nasales?
8. Y a-t-il des voyelles doubles?

§ 4. CONSONNES.

QUESTIONS THÉORIQUES.

1. Combien y a-t-il de consonnes en latin ?
2. Pourquoi les appelle-t-on *consonnes* ?
3. Qu'est-ce qu'une consonne *muette* ?
4. Y a-t-il des consonnes muettes en latin ?
5. Les consonnes conservent-elles toutes leur son naturel ?
6. Comment se prononce le *c* ?
7. Comment prononçons-nous le *g* ?
8. Comment prononçons-nous le *ch* ?
9. Comment prononçons-nous la consonne double *gn* ?
10. Comment prononçons-nous *m* et *n* ?
11. Comment les prononçons-nous si la consonne suivante est elle-même une de ces deux nasales ?
12. Comment ces deux lettres se prononcent-elles à la fin des mots ?
13. Comment se prononce le *ph* ?
14. Comment se prononce le *q* ?
15. Comment se prononce l'*s* ?
16. Comment se prononce le *t* ?
17. Qu'est-ce que l'*x* ?

3ᵉ SUJET.

Mundus	a	Domino	constitutus est	abhinc
Le monde	par	le Seigneur	a été créé	il y a d'ici
annos	jam	pene	sex	millia. (Sulp. Sévère.)
des années	déjà	presque	six	mille.

QUESTIONS APPLIQUÉES.

1. Combien y a-t-il de lettres dans cet exemple ?
2. Combien y a-t-il de consonnes ?

3. Y a-t-il quelque consonne muette?
4. Y a-t-il une *m* à la fin d'un mot?
5. Y a-t-il des syllabes nasales?
6. Doit-on prononcer *annos* comme les deux mots français *en noce*?

§§ 5, 6, 7. SIGNES ORTHOGRAPHIQUES, ACCENTS, LECTURE.

QUESTIONS THÉORIQUES.

1. Quels sont les principaux signes orthographiques en latin?
2. Quels sont les signes de quantité?
3. Qu'est-ce que la longue?
4. Qu'est-ce que la brève?
5. Qu'est-ce que la douteuse?
6. Qu'est-ce que la commune?
7. Pourquoi ces signes sont-ils appelés *signes de quantité*?
8. Qu'est-ce que le tréma?
9. Qu'est-ce que l'apostrophe?
10. Qu'était-ce que les accents en latin?
11. Qu'était-ce que l'accent aigu?
12. Qu'était-ce que l'accent grave?
13. Marquait-on l'accent grave?
14. Qu'était-ce que l'accent circonflexe?
15. Comment l'accent se plaçait-il dans les mots latins?
16. Quel signe employait-on pour le marquer?
17. Faisons-nous sentir la différence des accents dans notre prononciation de latin?
18. A quoi employons-nous les accents, et notamment l'accent grave?
19. Employons-nous aussi l'accent circonflexe comme signe distinctif?

20. Qu'est-ce que la lecture ?
21. Qu'est-ce que lire ?

4ᵉ SUJET.

His consulibus, a Quinto Catulo reparatum est
Sous ces consuls, par Quintus Catulus fut réparé
atque dedicatum Capitolium. (Cassiod., *Chron.*)
et dédié le Capitole.

QUESTIONS APPLIQUÉES.

1. Lisez cette phrase.
2. Y a-t-il des voix nasales ?
3. Comment prononcez-vous *Quinto* ?
4. Comment prononceriez-vous *quanto* ?
5. Comment prononceriez-vous *quondam* ?
6. D'où viennent ces différentes prononciations de l'*u* ?
7. Où les Romains plaçaient-ils l'accent aigu dans *consulibus*, l'avant-dernière *li* étant brève ?
8. Où le plaçaient-ils dans *reparatum*, l'avant-dernière *ra* étant longue ?
9. Dans le mot *dedicatum*, l'accent portait sur *ca*. Quelle est la quantité de cette syllabe ?
10. Dans le mot *Capitolium*, l'accent aigu portait sur *to*. Quelle est la quantité de la syllabe *li* ?

CHAPITRE II.

LE NOM.

§ 8. ESPÈCES DE MOTS; NOMS; NOMBRES; GENRES.

QUESTIONS THÉORIQUES.

1. Combien y a-t-il de sortes de mots en latin ?
2. Qu'est-ce que le nom ?

3. Combien y a-t-il de sortes de nom?
4. Qu'est-ce que le nom commun?
5. Qu'est-ce que le nom propre?
6. Quelles sortes de noms propres sont *Scipiones* et *Itali?*
7. Qu'y a-t-il à considérer dans les noms latins?
8. Combien y a-t-il de genres en latin?
9. Quels noms sont en général du masculin?
10. Quels noms sont en général du féminin?
11. N'y a-t-il pas d'autres noms masculins ou féminins?
12. Quels noms sont du neutre?
13. Combien y a-t-il de nombres dans les noms latins?
14. Quand emploie-t-on le singulier?
15. Quand emploie-t-on le pluriel?

5ᵉ SUJET.

Benedicat vos omnipotens Deus, Pater,
Que bénisse vous le tout-puissant Dieu, Père,
Filius et Spiritus sanctus.
Fils et Esprit saint.

QUESTIONS APPLIQUÉES.

1. Y a-t-il des noms dans ce sujet?
2. Sont-ce des noms propres ou des noms communs?
3. De quel genre sont ces noms?
4. A quel nombre sont-ils?
5. Ces noms ont-ils un pluriel?

§ 9. CAS, DÉCLINAISONS.

QUESTIONS THÉORIQUES.

1. Comment appelle-t-on les diverses terminaisons des noms latins?

CHAPITRE II.

2. Combien y a-t-il de cas?

3. Pourquoi le *nominatif* est-il appelé ainsi?

4. A quoi sert le nominatif?

5. Y a-t-il des noms au nominatif dans cette phrase : *hæc mensa est composita e ligno*, dont le sens est : cette table est composée de bois?

6. *Ligno* (de bois) peut-il être au nominatif?

7. A quoi sert le vocatif?

8. Y a-t-il un vocatif dans cette phrase : *abite potiùs, Sirenes*, dont le sens est : allez-vous-en plutôt, Sirènes?

9. A quoi servent les quatre autres cas?

10. Quels noms doivent être à l'un de ces quatre cas dans la phrase suivante : *Hæc statua Achillis est facta e lapide*, dont le sens est : Cette statue d'Achille est faite de pierre?

11. Pourquoi le génitif doit-il être surtout remarqué parmi les cas d'un nom?

12. Qu'est-ce que le *radical* dans un nom?

13. Qu'est-ce que la *terminaison?*

14. Qu'est-ce que *décliner?*

15. Qu'est-ce qu'un mot *déclinable?*

16. Quels sont les mots déclinables en latin?

17. Qu'est-ce qu'un mot *indéclinable?*

18. Quels sont les mots indéclinables en latin?

19. Quand on décline un mot latin, comment rend-on le vocatif en français?

20. Comment rend-on le nominatif et l'accusatif?

21. Comment rend-on le génitif?

22. Comment rend-on le datif?

23. Comment rend-on l'ablatif?

24. N'a-t-on pas partagé tous les noms en différents groupes?

25. Comment distingue-t-on les déclinaisons?

LE NOM.

6ᵉ SUJET.

Helicon, mons Aoniæ et Bœotiæ, est
L'Hélicon, montagne d'Aonie et de Béotie, est
sacer Musis. (Vib. Sequest.)
consacré aux Muses.

QUESTIONS APPLIQUÉES.

1. Quels sont les noms dans cette phrase?
2. A quel cas sont *Helicon* et *Mons*?
3. A quel cas sont *Aoniæ* et *Bœotiæ*?
4. A quel cas est *Musis*?
5. Le mot *Mons* étant décliné, prend les formes suivantes : *montis, monti, montem, monte, montes, montium, montibus.* Quel est le radical?
6. Le radical se trouve-t-il toujours dans le nominatif?
7. Quelles sont les terminaisons?

§ 10. PREMIÈRE DÉCLINAISON.

QUESTIONS THÉORIQUES.

1. A quoi reconnaît-on la première déclinaison?
2. De quel genre sont les noms de cette déclinaison?
3. Déclinez un nom de la première déclinaison (*rosa*, la rose; *hora*, l'heure; *mensa*, la table, etc.).
4. N'y a-t-il pas quelques cas semblables dans cette déclinaison et dans toutes les autres?
5. Tous les datifs et ablatifs pluriels de cette déclinaison sont-ils terminés en *is*?
6. N'y a-t-il pas dans cette déclinaison quelques noms tirés du grec?
7. Diffèrent-ils beaucoup de la déclinaison latine?

CHAPITRE II.

7ᵉ SUJET.

Rubicon, flumen Galliæ, olim dividens
Le Rubicon, fleuve de la Gaule, autrefois séparant
Galliam ab Italiâ. (Vib. Sequest.)
la Gaule de l'Italie.

QUESTIONS APPLIQUÉES.

1. Combien y a-t-il de noms ici ?
2. Quels sont les noms de la première déclinaison ?
3. A quel cas est *Galliæ* ?
4. De quel mot est-il complément ?
5. A quel cas est *Galliam* ?
6. De quoi est-il complément ?
7. A quel cas est *Italia* ?
8. Ne pourrait-il pas être au nominatif ?

8ᵉ SUJET.

In ripâ Liris est templum nymphæ
Sur la rive du Liris est le temple de la nymphe
Maricæ. (Vib. Sequest.)
Marica.

QUESTIONS APPLIQUÉES.

1. Combien y a-t-il de noms ici ?
2. Quels sont les noms de la première déclinaison ?
3. A quel cas est *ripâ* ?
4. Comment fait-il au génitif et au datif pluriel ?
5. A quel cas est *nymphæ* ?
6. Déclinez son pluriel.
7. Qu'est-ce que *Maricæ* ?
8. De quel genre est-il ?

LE NOM.

§§ 11, 12. SECONDE DÉCLINAISON.

QUESTIONS THÉORIQUES.

1. A quoi reconnaît-on la seconde déclinaison?

2. De quels genres sont les noms de la seconde déclinaison?

3. Déclinez un nom de la seconde conjugaison. (*Dominus*, le Seigneur, *asinus*, l'âne, *capillus*, le cheveu, etc.).

4. N'y a-t-il pas quelques cas semblables dans cette déclinaison?

5. Comment *filius*, *genius* et les noms propres en *ius* font-ils leur vocatif singulier?

6. Comment *agnus*, *deus* et *chorus* font-ils leur vocatif singulier?

7. Qu'y a-t-il à remarquer sur les noms neutres?

8. Comment les trois cas semblables dans les noms neutres sont-ils toujours terminés au pluriel?

9. N'y a-t-il pas dans cette déclinaison des mots tirés du grec?

10. Les noms propres en *eus* tirés du grec ne suivent-ils pas une règle particulière?

9ᵉ SUJET.

Europa terminos habet ab oriente Tanaïm et Mæotida et Pontum; a meridie, reliqua nostri maris; ab occidente, Atlanticum; a septentrione, britannicum Oceanum. (Méla.)

L'Europe pour limites a au levant le Tanaïs et la Méotide et le Pont-Euxin; au midi, le reste de notre mer; au couchant, l'Atlantique; au septentrion, le britannique Océan.

CHAPITRE II.

QUESTIONS APPLIQUÉES.

1. Combien y a-t-il de noms ici ?
2. Quels sont les noms de la première déclinaison ?
3. Quels sont ceux de la seconde ?
4. Qu'est-ce que *terminos* ?
5. Qu'est-ce que *Pontum* ?
6. Si le neutre *Pontum* était latin, pourrait-il être ici au nominatif ou au vocatif ?
7. Qu'est-ce que *reliqua* ?
8. Pourquoi *reliqua* est-il un accusatif ?
9. Qu'est-ce que *Atlanticum* et *Oceanum* ?
10. Pourquoi sont-ce des accusatifs ?

§§ 13, 14. TROISIÈME DÉCLINAISON.

QUESTIONS THÉORIQUES.

1. A quoi reconnaît-on la troisième déclinaison ?
2. De quel genre sont les noms de la troisième déclinaison ?
3. Déclinez un nom de la troisième déclinaison (*soror*, la sœur, *homo*, l'homme, *miles*, le soldat, etc.)
4. N'y a-t-il pas quelques cas semblables dans ces noms ?
5. N'y a-t-il pas des noms qui ont l'accusatif singulier en *im* ?
6. Sont-ce les seuls qui aient l'ablatif en *i* ?
7. Y a-t-il beaucoup de noms qui aient le génitif pluriel en *ium* ?
8. N'y a-t-il pas dans cette déclinaison plusieurs noms tirés du grec ?
9. Donnez un exemple.
10. Ces formes grecques sont-elles toutes également usitées ?
11. Qu'y a-t-il à dire des noms neutres en *ma* ?

10ᵉ SUJET.

Romani,	domitores	orbis	et	præsules,
Les Romains,	*conquérants*	*de la terre*	*et*	*ses arbitres,*
signaverunt	proprio	limite	orbem	subjugatum
ont déterminé	*dans sa propre*	*limite*	*ce globe*	*subjugué*
virtute	suâ. (Ethicus.)			
par le courage	*leur.*			

QUESTIONS APPLIQUÉES.

1. Combien y a-t-il de noms ici?
2. De quelle déclinaison est *Romani*?
3. De quelle déclinaison sont les autres noms?
4. Montrez sur *domitores* et *præsules* qu'ils sont de la 3ᵉ déclinaison.
5. Que dites-vous d'*orbis* et d'*orbem*?
6. Que dites-vous de *limite* et de *virtute*?

§ 15. QUATRIÈME DÉCLINAISON.

QUESTIONS THÉORIQUES.

1. A quoi reconnaît-on la quatrième déclinaison?
2. De quels genres sont les noms qu'elle contient?
3. Quelle particularité présentent les noms neutres de la quatrième déclinaison?
4. Déclinez un nom de la quatrième déclinaison (*manus*, la main, *fructus*, le fruit, *tonitru*, le tonnerre, etc.).
5. N'y a-t-il pas dans ces noms plusieurs cas semblables?
6. N'y a-t-il pas des noms dont le datif et l'ablatif pluriel ne sont pas en *ibus*?
7. N'y a-t-il pas beaucoup de mots communs à la quatrième et à la seconde déclinaison?
8. Comment décline-t-on le mot *domus* maison?

CHAPITRE II.

11ᵉ SUJET.

Aït ad illum Jesus : Nemo mittens manum suam
Dit à lui Jésus : Personne mettant la main sienne
ad aratrum et respiciens retrò aptus est
à la charrue et regardant en arrière n'est propre
regno Dei. (S. Luc, IX.)
au royaume de Dieu.

QUESTIONS APPLIQUÉES.

1. Combien y a-t-il de noms dans ce verset?
2. Y a-t-il des noms de la quatrième déclinaison?
3. Déclinez *manus*.
4. A quel cas est *Jesus*?
5. A quel cas est *manum*?
6. Qu'est-ce que *regno*?
7. Qu'est-ce que *Dei*?
8. Déclinez le nom *Jesus*.

§ 16. CINQUIÈME DÉCLINAISON.

QUESTIONS THÉORIQUES.

1. A quoi reconnaît-on la cinquième déclinaison?
2. De quel genre sont les noms qui y entrent?
3. Déclinez le nom *res*, chose, ou *species*, l'apparence, etc.
4. Tous les cas sont-ils usités dans les noms de cette classe?
5. La cinquième déclinaison n'a-t-elle pas une grande analogie avec la première?
6. Des deux formes des mots communs à ces deux déclinaisons, quelle est la plus usitée?

12ᵉ SUJET.

Non (quæruntur ab oratore) ea quæ
On n' exige pas de l'orateur les qualités que

nobis   non possumus   fingere,   facies,
à nous-mêmes   nous ne pouvons pas nous faire, la face,
vultus,   sonus.   (Cicéron.)
le visage,   le son de voix.

QUESTIONS APPLIQUÉES.

1. Combien y a-t-il de noms dans ce sujet?
2. Y en a-t-il de la cinquième déclinaison?
3. Déclinez *facies*.
4. De quel genre est *facies*?
5. *Vultus* fait, au génitif, *vultûs*; de quelle déclinaison est-il?
6. De quel genre est-il?
7. *Sonus* fait, au génitif, *soni*; de quelle déclinaison est-il?
8. De quel genre est-il?
9. Si les trois noms *facies*, *vultus* et *sonus* sont au singulier et au même cas, quel est ce cas?
10. Pourraient-ils être au pluriel?

§ 17. SYNTAXE DES NOMS.

QUESTIONS THÉORIQUES.

1. Qu'est-ce que la *syntaxe*?
2. Combien y a-t-il de sortes de syntaxe?
3. A quel cas se mettent le sujet et l'attribut d'une proposition?
4. Traduisez en latin ces phrases: *l'Espagne fut pacifiée; les Cimbres furent détruits*. [Espagne se dit *Hispania, æ*; fut, *fuit*; pacifiée, *pacata, æ*; Cimbres, *Cimber, bri*; furent, *fuerunt*; détruits, *deletus, i*.]
5. Quand deux ou plusieurs noms désignent une seule et même personne, une seule et même chose, comment les arrange-t-on en latin?

6. Comment appelle-t-on cette réunion de deux ou plusieurs noms placés à côté l'un de l'autre et s'accordant?

7. Mettez en latin cette phrase : Cyrus laissa deux fils, Cambyse et Smerdis. [Cyrus se dit *Cyrus, ri*; laissa, *reliquit*, et il gouverne l'accusatif; deux se dit *duos*; fils, *filius, ii*; Cambyse, *Cambyses, is*; et, *et*; Smerdis, *Smerdis, dis*].

8. Quand un nom est complément d'un autre, à quel cas le met-on?

9. Traduisez en latin la phrase: *Séleucus, ami d'Alexandre le Macédonien*. [Séleucus se dit *Seleucus, ci*; ami, *amicus, ci*; Alexandre, *Alexander, dri*; le Macédonien, *Macedo, donis*].

10. Pourrait-on dire aussi *Seleucus, Alexandri Macedonis amicus?*

11. Mettez en latin cette phrase : le royaume des Parthes fut fondé par Séleucus, ami d'Alexandre le Macédonien. [Le royaume des Parthes fut fondé par, se dit, *regnum Parthorum conditum fuit a*, et le complément doit être à l'ablatif.]

12. Ces mots *Seleuco, Alexandri Macedonis amico*, sont-ils dans l'ordre analytique?

13. Qu'est-ce que *faire la construction?*

14. Faites la construction de la phrase entière : *Regnum Parthorum conditum fuit a Seleuco, Alexandri Macedonis amico.*

15. Les mots, dans la langue latine, sont-ils ordinairement rangés selon la construction analytique ou directe?

13e SUJET : VERSION.

Sub Flaminio consule, populus romanus vicit regem Macedonum Philippum. (Ampélius.)

LE NOM.

Vocabulaire. Sub, sous, préposition, régit l'ablatif; *Flaminius, ii*, nom propre [1]; *vicit*, vainquit ou a vaincu; ce verbe régit l'accusatif; *Philippus, i*, Philippe, nom d'homme; *Macedo, onis*, Macédonien, nom de peuple.

QUESTIONS APPLIQUÉES.

1. Faites la construction de cette phrase latine.
2. Pourquoi commencez-vous par *populus romanus*?
3. Pourquoi l'un de ces deux nominatifs n'indiquerait-il pas l'attribut?
4. Que mettez-vous après *vicit*?
5. Que mettez-vous après *regem*?
6. Que reste-t-il pour terminer la phrase?

14ᵉ SUJET : THÈME.

Hamilcar, père d'Annibal, réduisit une partie de l'Espagne sous le pouvoir des Carthaginois.

Vocabulaire. Hamilcar, *Hamilcar, aris;* Annibal, *Annibal, alis;* réduisit, *redegit;* ce verbe gouverne l'accusatif; une partie, *pars, tis;* l'Espagne, *Hispania, æ;* sous le pouvoir, *sub imperium; imperium* est un nom [2].

---

[1] Je n'explique pas ici *consule*, ni *populus*, ni *regem*, etc.; à partir de ce moment les élèves doivent s'exercer à trouver dans le dictionnaire les espèces de mots qu'ils ont étudiées.

[2] Comme précédemment, je ne donne que les noms d'individus, et les mots que les élèves n'ont pas encore étudiés. Ils trouveront facilement les autres dans les dictionnaires français-latins. Celui de M. Sommer, abrégé de celui de M. Quicherat, est excellent pour les commençants.

CHAPITRE III.

L'ADJECTIF.

§ 18. L'ADJECTIF EN GÉNÉRAL; ADJECTIFS QUALIFICATIFS DE LA PREMIÈRE ET DE LA SECONDE DÉCLINAISON.

QUESTIONS THÉORIQUES.

1. Qu'est-ce que l'*adjectif?*
2. Comment s'appelle l'adjectif qui détermine, comme *le, la, les, ce, cette, ces, mon, ton, son,* etc., le sens précis dans lequel on prend un nom?
3. Comment s'appellent les adjectifs qui marquent la qualité?
4. Comment ces adjectifs se comportent-ils en latin?
5. Quelle déclinaison suivent les adjectifs latins?
6. Déclinez un adjectif en *us, a, um* (*bonus, a, um,* bon; *sanctus, a, um,* saint, etc.).
7. Déclinez un adjectif en *er, ra, rum* (*niger, gra, grum,* noir; *miser, sera, serum,* malheureux, etc.).

15ᵉ SUJET.

Nemo est vir bonus sinè Deo. An
Personne n'est homme de bien sans Dieu. Est-ce que
aliquis potest exsurgere supra fortunam, nisi
quelqu'un peut s'élever au-dessus de la fortune, s'il n'est pas
adjutus a Deo? Deus dat consilia magnifica
aidé de Dieu? Dieu inspire les résolutions magnanimes
et recta. (*Selectæ.*)
et justes.

L'ADJECTIF.

QUESTIONS APPLIQUÉES.

1. Qu'est-ce que *Nemo?*
2. Qu'est-ce que *vir* et *bonus?*
3. Qu'est-ce que *Deo?*
4. Qu'est-ce que *fortunam?*
5. Qu'est-ce que *adjutus?*
6. Qu'est-ce que *consilia?*
7. Qu'est-ce que *recta* et *magnifica?*

16ᵉ SUJET : THÈME.

Si vous voyez un homme intrépide aux dangers, inaccessible aux passions, paisible dans les tempêtes, ne l'admirerez-vous pas?

Vocabulaire. Si vous voyez, *si videris* avec l'accusatif; intrépide, *interritus, a, um*, avec l'ablatif; inaccessible, *intactus, a, um*, avec l'ablatif; paisible *placidus, a, um*; dans, *in* avec l'ablatif; ne l'admirerez-vous pas? *nonne admiraberis eum?*

§ 19. ADJECTIFS DE LA TROISIÈME DÉCLINAISON.

QUESTIONS THÉORIQUES.

1. Y a-t-il plusieurs classes d'adjectifs de la troisième déclinaison?
2. Les adjectifs qui n'ont qu'une forme pour les trois genres au singulier, sont-ils de même au pluriel?
3. Quelle est la seconde classe des adjectifs de la troisième déclinaison?
4. Comment ces adjectifs font-ils leur ablatif singulier?
5. Comment se déclinent-ils au pluriel?
6. Y a-t-il une troisième classe de ces adjectifs?
7. Comment ces adjectifs se déclinent-ils au pluriel?
8. Y a-t-il quelque chose à remarquer sur les adjectifs de la troisième déclinaison en général?
9. Déclinez un adjectif de la troisième déclinaison (*sapiens*, ou *utilis*, ou *acer*, etc.).

CHAPITRE III.

17ᵉ SUJET.

Si naturæ sint mediocres et æquales vel
Si les substances sont médiocres et égales ou
paulò inæquales, miscentur et temperantur
très-peu inégales, elles sont mêlées et tempérées
inter se mediocribus qualitatibus (Boeth.)
entre elles par de moyennes qualités.

QUESTIONS APPLIQUÉES.

1. Qu'est-ce que *naturæ?*
2. Qu'est-ce que *mediocres?*
3. Qu'est-ce que *æquales?*
4. Qu'est-ce que *inæquales?*
5. Qu'est-ce que *mediocribus?*
6. Qu'est-ce que *qualitatibus?*

§§ 20, 21. SYNTAXE DES ADJECTIFS.

QUESTIONS THÉORIQUES.

1. Comment l'adjectif s'accorde-t-il avec le nom?
2. Que fait-on quand l'adjectif se rapporte à deux ou plusieurs noms singuliers?
3. Que fait-on si l'adjectif se rapporte à deux noms de différent genre?
4. Que fait-on si l'adjectif se rapporte à deux noms de choses inanimées et de genre différent?
5. Que fait-on si l'adjectif est séparé du nom par le verbe *être?*
6. De quel genre est l'infinitif dans un verbe?
7. Y a-t-il des adjectifs qui régissent le génitif?
8. Y a-t-il des adjectifs qui gouvernent le datif?
9. Y a-t-il des adjectifs qui gouvernent l'ablatif?
10. Y en a-t-il qui gouvernent l'accusatif?
11. Y a-t-il des adjectifs qui gouvernent l'accusatif avec *ad?*

L'ADJECTIF.

18ᵉ SUJET : VERSION.

Ut bene compositus pueri animus undique reluceat, sint oculi placidi, verecundi, non improbi, non vagi, ac volubiles, non limi nec stupentes. (Érasm., *De civil.*)

Vocabulaire. Ut, conj., afin que ; *bene*, adverbe, bien ; *undique reluceat*, adverbe, et verbe au subjonctif, brille ou apparaisse partout ; *sint*, verbe au subjonctif présent, troisième personne du pluriel, soient ou que.... soient ; *non*, adverbe de négation, non ; *ac*, conjonction, et ; *nec*, conjonction négative, ni.

QUESTIONS APPLIQUÉES.

1. Qu'est-ce que *compositus ?*
2. Qu'est-ce que *animus ?*
3. Qu'est-ce que *pueri ?*
4. Qu'est-ce que *oculi ?*
5. Qu'est-ce que *placidi, verecundi, improbi, vagi ?*
6. Qu'est-ce que *volubiles ?*
7. Qu'est-ce que *limi ?*
8. Qu'est-ce que *stupentes ?*

19ᵉ SUJET : THÈME.

Cet animal prévoyant, sagace, doué de mémoire, plein de raison, que nous appelons homme, a été créé par le Dieu suprême dans une brillante condition.

Vocabulaire. Cet animal, *animal hoc*, neutre ; doué de mémoire, *memor* ; que nous appelons, *quem vocamus* avec l'accusatif ; a été, *fuit* ; par, *a* avec l'ablatif ; *dans* ne se rend pas ; on met seulement son complément à l'ablatif.

20ᵉ SUJET : VERSION.

Octavianus Augustus redegit in provinciæ formam, regionem Ægypti, difficilem inundatione Nili et inviam paludibus.... Idem princeps fuit dominationis avidus, studiosus aleæ lusor, libidinibus serviens. (Aur. Victor., *Epit.*)

Vocabulaire. Redegit in, réduisit en, avec l'accusatif pour régime ; *idem* le même ; *fuit* fut.

CHAPITRE III.

QUESTIONS APPLIQUÉES.

1. Qu'est-ce que *Octavianus Augustus*?
2. Qu'est-ce que *regionem*?
3. Qu'est-ce que *Ægypti*?
4. Qu'est-ce que *difficilem*?
5. Qu'est-ce que *inundatione*?
6. Qu'est-ce que *Nili*?
7. Qu'est-ce que *inviam*?
8. Qu'est-ce que *paludibus*?
9. Qu'est-ce que *princeps*?
10. Qu'est-ce que *dominationis*?
11. Comment voyez-vous que *dominationis* doit être complément d'*avidus*?
12. Qu'est-ce que *avidus*?
13. Faites la construction de ces mots.
14. Qu'est-ce que *studiosus*?
15. Qu'est-ce que *alex*?
16. Qu'est-ce que *lusor*?
17. Faites la construction de ces mots avec le sujet et le verbe.
18. Qu'est-ce que *libidinibus*?
19. Qu'est-ce que *serviens*?
20. Faites la construction de ces mots avec le sujet et le verbe.

§ 22. DEGRÉS DE SIGNIFICATION DES ADJECTIFS.

QUESTIONS THÉORIQUES.

1. Combien distingue-t-on de degrés de signification dans les adjectifs?
2. Qu'est-ce que le *positif*?
3. Qu'est-ce que le *comparatif*?
4. Comment connaît-on, en français, un comparatif de supériorité?

5. Qu'est-ce que le *superlatif?*
6. Comment connaît-on, en français, le superlatif?
7. Comment le comparatif de supériorité et le superlatif s'expriment-ils en latin?
8. Comment se forme le comparatif latin?
9. Formez le comparatif des adjectifs *sanctus, a, um,* saint; *validus, a, um,* fort; *fortis, e,* courageux; *velox, cis,* rapide.
10. Sur quoi se déclinent ces comparatifs?
11. Déclinez un de ces comparatifs?
12. Comment se forme le superlatif latin?
13. Formez les superlatifs des adjectifs *sanctus, validus, fortis, velox,* etc.
14. Sur quoi se déclinent ces superlatifs?
15. Déclinez un de ces superlatifs?

21e SUJET.

Nullus somnus est suavior quam post solem
Nul sommeil n'est plus doux que après le soleil
exortum. — Rex peritus aurum esse fortius quàm
levé. — Un roi sachant que l'or est plus fort que
ferrum, emit pacem. — Philosophus, interrogatus quid
le fer, acheta la paix. — Un philosophe, interrogé sur ce qui
esset pretiosissimum, respondit : tempus. —
était le plus précieux (des biens), répondit : le temps. —
Concedes illud quod à gravissimis auctoribus
Tu accorderas ceci qui par les plus graves auteurs
dictum est.
a été dit.

QUESTIONS APPLIQUÉES.

1. Qu'est-ce que *suavior?*
2. Formez le superlatif de *suavis.*
3. Qu'est-ce que *fortius?*
4. Pourquoi est-il au neutre?
5. Qu'est-ce que *pretiosissimum?*

6. Déclinez ce superlatif.
7. Formez le comparatif.
8. Pourquoi *pretiosissimum* est-il au singulier neutre?
9. Qu'est-ce que *gravissimis*?
10. Formez la même phrase en mettant avant le superlatif le positif et le comparatif, et les faisant rapporter au même nom.
11. Au lieu d'*auctoribus*, supposez *auctores* à l'accusatif pluriel, et rapportez-y les trois degrés de l'adjectif *gravis*.

§ 23. COMPARATIFS ET SUPERLATIFS IRRÉGULIERS.

QUESTIONS THÉORIQUES.

1. Comment les adjectifs terminés en *er* forment-ils leur superlatif?
2. Donnez un exemple sur *pulcher*, beau; *acer*, actif; *celeber*, célèbre.
3. Comment les adjectifs *facilis*, *difficilis*, *gracilis*, *humilis*, *similis* et *dissimilis* font-ils leur superlatif?
4. Comment les adjectifs terminés en *dicus*, *ficus* et *volus* font-ils leurs comparatifs et leurs superlatifs?
5. Donnez les degrés de signification de *bonus*, bon.
6. Donnez les degrés de signification de *malus*, mauvais.
7. Donnez les degrés de signification de *magnus*, grand.
8. Donnez les degrés de signification de *parvus*, petit.
9. Tous les adjectifs latins ont-ils leurs trois degrés de signification?
10. Que dites-vous des adjectifs en *eus*, *ius* et *uus*?
11. Citez des adjectifs qui n'aient pas de positif.
12. Citez des adjectifs qui n'aient pas de comparatif.

L'ADJECTIF.

13. Citez des adjectifs qui n'aient pas de superlatif.
14. Comment exprime-t-on en latin le comparatif et le superlatif des adjectifs qui ne les ont pas en un seul mot ?
15. Comment exprime-t-on en latin les comparatifs et superlatifs d'infériorité désignés en français par *moins* et *le moins* ?
16. Comment exprime-t-on le comparatif d'égalité marqué en français par *aussi* ?

22ᵉ SUJET.

Deo optimo (et) maximo. — Melior pars diei
A Dieu très-bon et très-grand. — *La meilleure partie du jour*
acta est. — Turpis fuga mortis (est) pejor
est passée. — *Une honteuse fuite de la mort est pire que la*
morte. — Quid est nequius effeminato viro ?
mort même. — *Quelle chose est plus vile qu'un efféminé homme ?*
— Quid ait homo pessimus et nequissimus ?
— *Que dit cet homme très-méchant et très-vil ?*

QUESTIONS APPLIQUÉES.

1. Qu'est-ce que *optimo* et *maximo* ?
2. Dans la phrase citée, ces deux mots peuvent-ils être au neutre ?
3. *Ordre* se dit en latin *jussus, ûs*. Mettez en latin cette phrase : par l'ordre de Dieu très-bon et très-grand.
4. Qu'est-ce que *melior* ?
5. Comment mettrait-on, s'il y avait un nom neutre, comme *exemplum* ?
6. Qu'est-ce que *pejor* ?
7. Comment faudrait-il mettre, s'il y avait *fugam* ?
8. Qu'est-ce que *nequius* ?
9. Qu'est-ce que *pessimus* et *nequissimus* ?

CHAPITRE III.

§ 24. SYNTAXE DES COMPARATIFS ET DES SUPERLATIFS.

QUESTIONS THÉORIQUES.

1. Quel cas gouverne le comparatif en latin?
2. Ne peut-on mettre que l'ablatif?
3. Comment fait-on quand le comparatif est exprimé par *magis* avec le positif?
4. A quel cas met-on le nom pluriel complément du superlatif?
5. Donnez un exemple.
6. Pourquoi mettez-vous *altissima arborum* au féminin, et non *altissimus* au masculin?
7. Cela a-t-il lieu aussi en français?
8. Si le complément du superlatif est un nom singulier, le superlatif s'accorde-t-il avec lui?
9. S'il ne s'agit que de deux choses, emploie-t-on le superlatif en latin?
10. Dites en latin le *premier des deux Scipions*.
11. Comment se construit en latin le superlatif composé avec *maximè*?

23ᵉ SUJET : VERSION.

Nihil est pulchrius, nihil est amabilius sapientiâ; quæ si oculis corporeis cerni posset, incredibilem sui amorem excitaret. (Érasme.)

Vocabulaire. *Quæ*, laquelle; *si posset cerni*, si elle pouvait être vue par; le complément est à l'ablatif; *sui* génitif de *sui, sibi, se,* pronom réfléchi de la troisième personne, signifie de soi, de lui-même, d'elle-même; *excitaret*, exciterait.

24ᵉ SUJET : THÈME.

Lequel des deux vous semble avoir été le plus grand et le plus habile dans l'art militaire, Annibal ou Scipion? Selon les uns, Annibal a été le plus courageux et le plus habile des guerriers; selon les autres, Scipion a été plus savant et meilleur que lui, parce qu'il a été vainqueur.

Vocabulaire. Lequel des deux vous semble avoir été, *uter tibi videtur fuisse*, et les adjectifs doivent s'accorder avec le sujet *uter* singulier masculin ; Annibal ou Scipion, on met *ne* après le premier de ces noms, et *an* devant le second, ils sont tous les deux au nominatif; selon les uns, *quorumdam sententiâ;* selon les autres, *aliorum judicio;* a été, *fuit;* parce qu'il a été, *quia fuit*.

§ 25. ADJECTIFS DÉTERMINATIFS; ADJECTIFS DÉMONSTRATIFS.

QUESTIONS THÉORIQUES.

1. Quels sont les accidents des adjectifs déterminatifs ?
2. Quelle déclinaison suivent-ils ?
3. Quels adjectifs appelle-t-on *démonstratifs?*
4. Quels sont les principaux de ces adjectifs en latin ?
5. Déclinez *is, ea, id*.
6. Déclinez *hic, hæc, hoc*.
7. Déclinez *ille, illa, illud*.
8. Déclinez *iste, ista, istud*.
9. Déclinez *ipse, ipsa, ipsum*.
10. Déclinez *idem, eadem, idem*.
11. Ces mots ne sont-ils pas pris souvent comme pronoms ?
12. Y a-t-il quelque différence de signification entre *is, ea, id* et les adjectifs qui le suivent?
13. Quelle différence y a-t-il entre *hic* et *ille?*
14. Quelle différence y a-t-il entre *hic* et *iste?*
15. Quelle différence y a-t-il entre *idem* et *ipse?*
16. Les singuliers neutres *id, illud, hoc, idem*, ne se prennent-ils pas seuls et sans se rapporter à aucun nom ?

CHAPITRE III.

25ᵉ SUJET.

Justitia est omnium virtutum domina et
La justice est de toutes les vertus la maîtresse et
regina. Ejus splendor maximus est. Ex
la reine. D'elle la splendeur est très-grande. D'après
eâ, boni viri vulgò justi appellantur. (*Selectæ.*)
elle, les braves gens souvent justes sont appelés.

QUESTIONS APPLIQUÉES.

1. Qu'est-ce que *justitia*?
2. Qu'est-ce que *domina* et *regina*?
3. Qu'est-ce que *virtutum*?
4. Faites la construction de cette phrase.
5. Qu'est-ce que *ejus*?
6. Pourquoi dites-vous que *ejus* se rapporte à *justitiæ* et non pas à *justitia* au nominatif?
7. Faites la construction de cette phrase.
8. Qu'est-ce que *maximus*?
9. Qu'est-ce que *eâ*?
10. Qu'est-ce que *boni viri*?
11. Qu'est-ce que *justi*?
12. Faites la construction de cette phrase.
13. Recopiez la phrase latine en mettant successivement les adjectifs *hic*, *ille* et *idem* à la place de l'adjectif *is, ea, id*.

§ 26. ADJECTIFS POSSESSIFS.

QUESTIONS THÉORIQUES.

1. Qu'appelle-t-on *adjectifs possessifs*?
2. Quels sont ces adjectifs en latin?
3. Sur quels modèles se déclinent-ils?
4. Déclinez *meus, a, um*.
5. Déclinez *tuus, a, um*.

L'ADJECTIF.

6. Déclinez *suus, a, um*.
7. Y a-t-il quelque chose à remarquer sur ces trois adjectifs ?
8. Déclinez *noster, tra, trum*.
9. Déclinez *vester, tra, trum*.
10. Le latin fait-il la différence de *mon* et *mien*, *ton* et *tien*, *notre* et *le nôtre* ?
11. Quel est le sens des mots *meum, tuum, suum*, etc., pris au neutre absolu, c'est-à-dire sans se rapporter à aucun nom précédent ?

26ᵉ SUJET.

Charissimi, obsecro vos tanquam advenas et
Très-chers, je conjure vous comme des étrangers et
peregrinos abstinere vos a carnalibus
des voyageurs (en ce monde) de vous abstenir des charnels
desideriis quæ militant contra animam, habentes
désirs qui combattent contre l'âme, ayant
vestram conversationem bonam inter gentes, ut
votre conduite bonne entre les gentils, afin que
in eo quod detrectant de vobis tanquam
dans ce que ils voudraient médire de vous comme
de malefactoribus, ex bonis operibus
de gens malfaisants, d'après vos bonnes œuvres
considerantes, glorificent Deum in die
vous considérant, ils glorifient Dieu dans le jour
visitationis. (S. Pierre, Ép. I.)
de la visitation.

QUESTIONS APPLIQUÉES.

1. Qu'est-ce que *charissimi* ?
2. Pourquoi est-il au vocatif ?
3. Qu'est-ce que *vestram* dans *vestram conversationem* ?
4. Comment mettrait-on, dans le même cas, *ayant notre conduite bonne* ?

5. L'adjectif possessif n'est pas exprimé dans *ex bonis operibus*, d'après vos bonnes œuvres, exprimez-le.

6. Mettez en latin, *d'après mes bonnes œuvres*.

7. Mettez les adjectifs possessifs qui signifient *mon Dieu, ton Dieu, notre Dieu, votre Dieu*, dans la phrase *ut glorificent Deum*.

PHRASES IMITÉES.

1. *Mea possessio est*, c'est ma possession, mot-à-mot : ma possession est. Mettez en latin ces phrases : c'est ma maison, ta maison, notre maison, votre maison.

2. Mettez en latin : c'est mon étable, ton étable, notre étable, votre étable (*étable* se dit *stabulum*, neutre).

3. *Animus Hortensii dignus erat ipso et majoribus suis*, l'âme d'Hortensius était digne de lui-même et de ses ancêtres. A la place d'*Hortensius*, mettez *Hortensia*, sa fille, et à la place de *majores*, les ancêtres, mettez *pater*, le père.

4. Horace dit que les deux fils de Pison étaient dignes de leur père. Mettez en latin cette phrase : l'esprit naturel des jeunes Pisons était digne d'eux-mêmes et de leur père (*esprit naturel* se dit *ingenium*, du neutre).

§ 27. ADJECTIFS INDÉFINIS.

QUESTIONS THÉORIQUES.

1. Qu'appelle-t-on *adjectifs indéfinis*?
2. Citez quelques-uns de ces adjectifs.
3. Déclinez *ullus* ou *nullus*.
4. Quelle différence y a-t-il entre ces deux mots?
5. Donnez un exemple de cette différence en français.
6. Déclinez *totus* et *omnis*.
7. Quelle différence y a-t-il entre ces deux mots?

L'ADJECTIF. 31

8. Déclinez *alius* et *alter* ?
9. Quelle différence y a-t-il entre ces deux mots ?
10. Qu'est-ce que *pauci, multi, plures, plerique, ceteri* ?

27e SUJET.

Homo solus est ex tot generibus animantium,
L'homme est le seul de tant de genres d'animaux,
particeps rationis et cogitationis, quum cetera
participant de la raison et de la pensée, lorsque les autres
sint omnia expertia. (Cicéron.)
sont tous en manquant.

QUESTIONS APPLIQUÉES.

1. Qu'est-ce que *solus* ?
2. Qu'est-ce que *tot* ?
3. Qu'est-ce que *cetera* ?
4. Qu'est-ce que *omnia* ?

§§ 28, 29. **ADJECTIFS CONJONCTIFS ET LEURS COMPOSÉS.**

QUESTIONS THÉORIQUES.

1. Qu'appelle-t-on *adjectifs conjonctifs* ?
2. Quels sont les adjectifs conjonctifs en latin ?
3. Comment s'appelle le nom auquel l'adjectif conjonctif se rapporte ?
4. L'adjectif conjonctif peut-il devenir interrogatif ?
5. Déclinez *qui, quæ, quod*.
6. Quelle différence y a-t-il entre *quod* et *quid* ?
7. *Qui* et *quis* n'ont-ils pas formé beaucoup de composés ou de dérivés ?
8. Sur quoi décline-t-on *qualis, quantus* et *quotus* et quelle différence y a-t-il entre ces mots ?

9. Expliquez ces différences pour les mots : *qualis schola, quanta schola, quota schola; schola* veut dire école.

10. Y a-t-il des composés de *qui* qui aient gardé le sens conjonctif?

11. Que signifient les trois mots *quicumque, quivis, quilibet?*

12. Comment sont-ils composés et comment se déclinent-ils?

13. Déclinez *quicumque.*

14. Déclinez *quivis* ou *quilibet.*

15. Qu'est-ce que *uter?*

16. Montrez que *uter* peut servir à lier deux phrases.

17. Comment *uter* devient-il interrogatif?

18. Déclinez *uter, utra, utrum.*

19. Le pluriel de cet adjectif existe-t-il?

20. *Uter* a-t-il formé des composés qui aient gardé le sens conjonctif?

21. Quelle est la règle de composition de ces mots?

22. *Qui, quis* et *uter* ont-ils formé d'autres composés qui aient perdu le sens conjonctif?

23. Quels sont les principaux de ces composés?

24. Quelle est la règle de composition de ces mots?

25. Quelle différence y a-t-il entre *quoddam* et *quiddam? quodpiam* et *quidpiam? aliquod* et *aliquid?*

28ᵉ SUJET.

Is homo qui maximè perspicit quid sit verum in
L'homme qui le mieux aperçoit ce qui est vrai dans
quâque re, prudentissimus habetur. (Cicéron.)
chaque chose, comme très-prudent est regardé.

QUESTIONS APPLIQUÉES.

1. Qu'est-ce que *qui?*
2. Qu'est-ce que *quid?*

L'ADJECTIF.

3. Qu'est-ce que *verum* ?
4. Qu'est-ce que *re* et *quáque* ?
5. Qu'est-ce que *prudentissimus* ?
6. Que deviendrait cette phrase si, au lieu de *homo*, o¹ mettait *mulier* ?

§ 30. ADJECTIFS NUMÉRAUX.

QUESTIONS THÉORIQUES.

1. Qu'appelle-t-on *adjectifs numéraux* ?
2. Comment les distingue-t-on ?
3. Qu'expriment les adjectifs cardinaux ?
4. Déclinez *unus*.
5. *Unus* a-t-il un pluriel ?
6. Déclinez *duo*.
7. Déclinez *ambo*.
8. Déclinez *tres*.
9. Que remarque-t-on sur les autres noms de nombre cardinaux ?
10. Les nombres supérieurs à cent sont-ils indéclinables ?
11. Comment se dit *mille* en latin ?
12. Donnez un exemple.
13. *Mille* est-il indéclinable au pluriel ?
14. Qu'expriment les adjectifs ordinaux ?
15. D'où se forment-ils ?
16. Comment se déclinent-ils ?
17. N'y a-t-il pas en latin des adjectifs de nombre distributifs ?
18. Citez-en quelques-uns.

29ᵉ SUJET.

Regio portæ Capenæ in ambitu continet
La région de la porte Capène dans son pourtour contient
pedes duodecim millia ducentos viginti duos. (P. Victor.)
pieds douze mille deux cent vingt-deux.

CHAPITRE III.

QUESTIONS APPLIQUÉES.

1. Qu'est-ce que *ambitu?*
2. Qu'est-ce que *pedes?*
3. Expliquez la locution *duodecim millia, ducentos viginti duos.*
4. S'il y avait eu seulement *douze mille pieds*, comment aurait-on dit?
5. Que concluez-vous de cette fin du nombre *ducentos viginti duos?*
6. Mettez en latin cette phrase : Ce champ contient, dans son pourtour, trois mille trois cent trente-trois perches (*perche* se dit *pertica*, féminin).
7. Donnez les adjectifs ordinaux correspondants aux noms de nombre cardinaux qui se trouvent dans ce dernier exemple.

§ 31. SYNTAXE DES ADJECTIFS DÉTERMINATIFS.

QUESTIONS THÉORIQUES.

1. Comment les adjectifs déterminatifs s'accordent-ils avec leur nom?
2. Comment s'accorde l'adjectif conjonctif?
3. A quel cas met-on l'adjectif conjonctif?
4. Expliquez cela sur la phrase *mulier quam vides*, la femme que tu vois.
5. Que fait-on quand l'adjectif conjonctif a deux antécédents?
6. Que fait-on si les deux antécédents sont de différents genres?
7. Que fait-on si ce sont des noms de choses inanimées?
8. Le nom auquel un adjectif déterminatif se rapporte n'est-il pas souvent sous-entendu?

L'ADJECTIF.

9. Ces adjectifs ne remplacent-ils pas quelquefois des noms qui n'ont pas été exprimés du tout?

10. Que faut-il sous-entendre devant ces adjectifs pris absolument au pluriel?

11. N'y a-t-il rien à dire du neutre singulier pris absolument?

12. Ce neutre singulier ne prend-il pas quelquefois un nom pour complément?

13. L'adjectif *quisque* ne se construit-il pas avec le superlatif d'une manière remarquable?

14. Donnez un exemple.

15. L'adjectif *quisque* ne s'emploie-t-il pas avec un adjectif ordinal?

16. Donnez un exemple.

17. Comment le latin emploie-t-il le possessif de la troisième personne *suus, a, um*?

18. Donnez l'exemple *pater amat filios suos*.

19. Dans quel cas le latin rejette-t-il l'emploi de *suus, a, um*?

20. Donnez l'exemple *eorum vitia odit*.

21. Pourquoi ne dites-vous pas *sua vitia*?

22. Comment exprime-t-on en latin *l'un.... l'autre.... les uns.... les autres*?

23. Comment dit-on s'il ne s'agit que de deux personnes ou de deux choses?

30ᵉ SUJET.

Tanta videtur fuisse simplicitas antiquorum hominum,
Telle paraît avoir été la simplicité des anciens hommes,
ut advenas qui præditi consilio ac sapientiâ
que les étrangers qui doués de lumières et de sagesse
conferrent aliquid ad instruendam vitam
contribuaient en quelque chose à faciliter la vie
formandosque mores, quòd ignorabant eorum
et à former les mœurs, parce que on ignorait leurs

parentes   atque   originem,   non solum   ipsi
parents   et leur   origine,   non-seulement   eux-mêmes
crederent   editos   cœlo   et   terrâ,   verum   etiam
les croyaient   nés   du ciel et   de la terre,   mais   encore
affirmarent   posteris.   (Aur. Victor.)
ils l'affirmaient   à leurs descendants.

QUESTIONS APPLIQUÉES.

1. Qu'est-ce que *tanta*?
2. Qu'est-ce que *qui* après *advenas*?
3. Pourquoi est-il au nominatif pluriel masculin?
4. Qu'est-ce que *aliquid*?
5. Pourquoi dites-vous qu'il est pris substantivement?
6. Qu'est-ce que *eorum* placé devant *parentes*?
7. Pourquoi n'a-t-on pas mis *suos parentes*?
8. Pourquoi traduisez-vous *originem* par *leur origine*?
9. Qu'est-ce que

31ᵉ SUJET : VERSION.

In rebus ipsis quæ discuntur et cognoscuntur, insunt profectò quædam incitamenta quibus movemur ad discendum et cognoscendum. Etenim annon videmus eos qui studiis atque artibus ingenuis delectantur, aliquando non habere rationem valetudinis nec rei familiaris et maximis laboribus consequi eam voluptatem quam capiunt ex discendo (Cicéron)?

Vocabulaire. Discuntur et cognoscuntur, sont apprises et sont sues; *insunt profectò*, se trouvent certainement; *movemur ad discendum et cognoscendum*, nous sommes poussés à apprendre et à savoir; *etenim annon videmus*, en effet ne voyons-nous pas que; *delectantur*, sont charmés; *non habere rationem*, n'ont aucun souci; *et*, et que; *persequi*, ils poursuivent; *capiunt ex discendo*, ils reçoivent de l'étude même.

CHAPITRE IV.

LE PRONOM.

§§ 32, 33. DÉFINITION ; PRONOMS DES DEUX PREMIÈRES PERSONNES ET DE LA TROISIÈME.

QUESTIONS THÉORIQUES.

1. Qu'est-ce que les *pronoms*?
2. Qu'entend-on par personnes grammaticales?
3. Combien y a-t-il de personnes?
4. Qu'est-ce que la première personne?
5. Qu'est-ce que la seconde personne?
6. Qu'est-ce que la troisième personne?
7. Déclinez le pronom de la première personne.
8. Ce pronom change-t-il selon les genres?
9. Déclinez le pronom de la seconde personne.
10. Ce pronom change-t-il selon les genres?
11. Le latin a-t-il notre pronom direct de la troisième personne?
12. Quel est l'autre pronom de la troisième personne?
13. Pourquoi l'appelle-t-on *réfléchi*?
14. La déclinaison de ce pronom est-elle complète en latin?
15. Déclinez le pronom *sui, sibi, se*.
16. Comment se rendent en latin les mots relatifs invariables *en, y,* et *le*?
17. Lorsque *en* et *y* sont des noms ou adverbes de lieu, les rend-on de même?

CHAPITRE IV.

32ᵉ SUJET.

Quid hoc ad nos interest? Nunc responde illud.
En quoi ceci nous importe-t-il? Maintenant réponds cela.
Si ea quæ de Deo dixerunt Plato et Plotinus
Si ces choses que sur Dieu ont dites Platon et Plotin
vera sunt, satisne est tibi scire Deum ita ut
sont vraies, est-ce assez pour toi de connaître Dieu comme
illi sciebant? (S. Augustin, *Solil.*)
ils le connaissaient?

QUESTIONS APPLIQUÉES.

1. Qu'est-ce que *nos?*
2. Qu'est-ce que *illud?*
3. Qu'est-ce que *ea?*
4. Qu'est-ce que *tibi?*
5. Qu'est-ce que *illi?*
6. Mettez en latin cette phrase : « En quoi cela vous importe-t-il? Si les choses que Tullie et Émilie ont dites de l'âme sont vraies, est-ce assez pour moi de connaître l'âme comme elles la connaissaient? »

§ 34. SYNTAXE DES PRONOMS.

QUESTIONS THÉORIQUES.

1. Quel genre et quel nombre prennent les pronoms?
2. Comment exprime-t-on en latin le pronom direct de la troisième personne?
3. A quel cas se mettent les pronoms?
4. A quel cas se mettent les neutres des adjectifs déterminatifs *id, hoc, illud,* employés pour exprimer les relatifs invariables *le, en, y*?
5. Quand emploie-t-on le pronom réfléchi *sui, sibi, se,* et à quel cas le met-on?

LE PRONOM.

6. Les génitifs pluriels *nostrûm* et *nostri*, *vestrûm* et *vestri* s'emploient-ils indifféremment?

7. Comment se place la préposition *cum* avec les pronoms?

8. Comment se place-t-elle avec l'adjectif conjonctif?

9. L'adjectif conjonctif s'accorde-t-il avec les pronoms?

33e SUJET.

Immortalis est igitur anima. Crede rationibus
Immortelle est donc ton âme. Crois aux raisons
tuis; crede veritati; clamat sese habitare
tiennes; crois à la vérité; elle te crie qu'elle-même habite
in te, et esse immortalem, nec suam sedem
en toi, et qu'elle est immortelle, et que son siège
posse sibi subduci quâcumque morte corporis.....
ne peut lui être soustrait par aucune mort du corps.....
Revertere in te. (S. Augustin, *Solil.*)
Rentre en toi-même.

QUESTIONS APPLIQUÉES.

1. Qu'est-ce que *sese*?
2. Qu'est-ce que *te*?
3. Qu'est-ce que *suam*?
4. Qu'est-ce que *sibi*?
5. Qu'est-ce que *te* à la fin de l'extrait?

34e SUJET : VERSION.

Sperne repugnando tibi tu contrarius esse;
Conveniet nulli qui secum dissidet ipse.
Cumque mones aliquem nec se velit ipse moneri,
Si tibi carus sit, noli desistere cœptis. (Den. Caton.)

Vocabulaire. Sperne, repousse, évite; *repugnando*, en te contredisant; *esse*, d'être; *conveniet*, il s'accordera; *dissidet*, n'est pas d'accord; *cumque mones*, et lorsque tu avertis; *nec velit moneri*, et qu'il ne veut pas être averti; *si*, si; *sit*, il est; *noli desistere*, n'abandonne pas.

CHAPITRE IV.

35ᵉ SUJET : THÈME.

Et moi je vous dis : chérissez vos ennemis; faites du bien à ceux qui vous haïssent; et priez pour ceux qui vous poursuivent et vous calomnient; afin que vous soyez les fils de votre père qui est dans les cieux, qui fait lever son soleil sur les bons et les méchants, et qui fait tomber la pluie sur les justes et les injustes.

Vocabulaire. Dis, *dico* régit le datif; chérissez, *diligite* avec l'accusatif; faites du bien, *benefacite* avec le datif; haïssent, *oderunt* avec l'accusatif; priez pour, *ora pro* avec l'ablatif; celui qui poursuit et calomnie (tournez le poursuivant et le calomniant), *persequens et calumnians* régit l'accusatif; afin que vous soyez, *ut sitis;* est dans, *est in* avec l'ablatif; fait lever, *oriri facit* avec l'accusatif; sur, *super* avec l'accusatif; fait tomber la pluie (tournez : pleut) *pluit*.

CHAPITRE V.

LE VERBE.

§§ 35, 36, 37. DÉFINITION, PERSONNES, NOMBRES, TEMPS, MODES, CONJUGAISON.

QUESTIONS THÉORIQUES.

1. Qu'est-ce que le *verbe?*
2. Qu'est-ce qu'une *proposition?*
3. Combien y a-t-il de mots dans une proposition?
4. Qu'est-ce que le verbe *abstrait* ou *absolu?*
5. Pourquoi ce verbe est-il appelé abstrait?
6. Les autres verbes ne sont-ils pas de même?
7. Comment appelle-t-on tous les verbes autres que le verbe *esse?*

LE VERBE.

8. Comment s'appelle la qualité attribuée au sujet dans une proposition?
9. Combien y a-t-il de nombres dans les verbes latins?
10. Exprime-t-on toujours les sujets des verbes?
11. Combien y a-t-il de temps principaux?
12. Qu'indique le *présent?*
13. Que marque le *passé?*
14. Que marque le *futur?*
15. N'y a-t-il pas plusieurs passés ou prétérits?
16. N'y a-t-il pas aussi plusieurs futurs?
17. Comment appelle-t-on les temps autres que les temps principaux?
18. Quels sont-ils en latin?
19. Qu'indiquent les temps secondaires en général?
20. Donnez un exemple.
21. Qu'est-ce que les *modes?*
22. Combien y a-t-il de modes en latin?
23. Quand le verbe est-il à l'*indicatif?*
24. Quand le verbe est-il à l'*impératif?*
25. Quand le verbe est-il au *subjonctif?*
26. Le latin a-t-il le *conditionnel?*
27. Qu'est-ce que l'*infinitif?*
28. L'infinitif se comporte-t-il comme un nom?
29. Qu'est-ce que le *participe?*
30. Comment se comporte le participe dans les phrases?
31. Les modes ne se divisent-ils pas en deux groupes?
32. Quels sont les modes *personnels?*
33. Pourquoi les appelle-t-on *personnels* ou *définis?*
34. Quels sont les modes *impersonnels?*
35. Pourquoi les appelle-t-on *impersonnels* ou *indéfinis?*
36. Qu'est-ce que *conjuguer?*

CHAPITRE V.

36ᵉ SUJET.

Persæ edocebant tria suos liberos. A
Les Perses enseignaient trois choses à leurs enfants. De
quinto anno ad vicesimum (edocebant)
la cinquième année à la vingtième ils leur enseignaient
equitare, mittere arcu sagittas, loqui
à monter à cheval, à lancer de l'arc les flèches, à dire
vera. Mentiri apud eos habebatur
des choses vraies. Mentir chez eux était regardé comme
turpissimum. Secundum mendacium ponebant æs
très-honteux. Après le mensonge ils plaçaient l'airain
alienum in proximo loco turpitudinis, quia
étranger (les dettes) au prochain rang de la honte, parce que
(ille) qui obstringitur ære alieno est obnoxius
celui qui est enchaîné par des dettes est exposé
mendacio, et dat plerumque verba pro
au mensonge, et donne la plupart du temps des paroles pour
re. (Selectæ.)
la chose même.

QUESTIONS APPLIQUÉES.

1. Dites d'après le français combien il y a de verbes dans ce sujet, et quels ils sont?
2. Qu'est-ce que *edocebant*?
3. Qu'est-ce que *equitare, mittere, loqui*?
4. A quoi reconnaissez-vous que ce sont des infinitifs?
5. Qu'est-ce que *mentiri*?
6. Comment est-il employé dans la phrase?
7. Qu'est-ce que *habebatur*?
8. Qu'est-ce que *ponebant*?
9. Qu'est-ce que *obstringitur*?
10. Qu'est-ce que *est*?
11. Qu'est-ce que *dat*?
12. Tous les modes se trouvent-ils employés dans ce sujet?
13. Tous les temps de l'indicatif s'y trouvent-ils?
14. Quels sont ceux qui manquent?

§ 38. CONJUGAISON DU VERBE *SUM*.

QUESTIONS THÉORIQUES.

1. Conjuguez l'indicatif présent.
2. Conjuguez l'imparfait.
3. Conjuguez le futur.
4. Conjuguez le parfait.
5. Conjuguez le plus-que-parfait.
6. Conjuguez le futur passé.
7. Conjuguez l'impératif.
8. Conjuguez le subjonctif présent.
9. Conjuguez l'imparfait du subjonctif.
10. Conjuguez le parfait du subjonctif.
11. Conjuguez le plus-que-parfait.
12. Conjuguez l'infinitif présent.
13. Donnez le parfait de l'infinitif.
14. Y a-t-il un participe présent?
15. Donnez le participe futur.
16. Conjuguez *adsum* à l'imparfait de l'indicatif.
17. Conjuguez *desum* au parfait de l'indicatif, et au futur passé.

37ᵉ SUJET : VERSION.

Avarus ipse miseriæ causa est suæ (P. Syrus).

QUESTIONS APPLIQUÉES.

1. Faites la construction de cette phrase latine.
2. Comment avez-vous fait cette construction?
3. Quel est le sujet, et à quoi l'avez-vous reconnu?
4. Quel est le verbe?
5. Quel est l'attribut, et à quoi le reconnaissez-vous?
6. Qu'est-ce que le sujet *avarus*?
7. L'attribut *causa* n'est-il que ce mot tout seul?

8. Mettez en latin cette phrase : Les avares eux-mêmes sont les causes de leur misère.

9. Mettez en latin cette phrase: Moi, avare, j'étais cause de ma misère.

10. Mettez en latin cette phrase : Toi, avare, tu seras cause de ta misère.

11. Mettez en latin cette phrase : Euclion, avare, serait cause de sa misère.

12. Mettez en latin cette phrase : Tullie (nom de femme), avare, aurait été cause de sa misère.

§§ 39, 40. SYNTAXE DU VERBE *SUM*; ACCORD ET COMPLÉMENTS.

QUESTIONS THÉORIQUES.

1. Comment s'accorde le verbe *sum* ?
2. De quelle personne sont les noms en général?
3. A quel cas se met le nom qui suit immédiatement le verbe *sum* ?
4. Comment s'accorde l'adjectif qui vient après le verbe *sum* ?
5. Que fait-on si le verbe a deux ou plusieurs sujets singuliers ?
6. Que fait-on si les sujets sont de personnes différentes?
7. Où se place la personne qui parle ?
8. Le verbe *sum* dans le sens abstrait peut-il avoir un complément ?
9. Quel cas gouverne-t-il dans le sens d'*être à*, d'*appartenir* ?
10. Quel cas gouvernent les composés de *sum* ?
11. Le verbe *sum* à la 3ᵉ personne du singulier ne gouverne-t-il pas quelquefois le génitif ?
12. Que fait-on s'il a en français pour complément

les pronoms *moi, toi, nous, vous; c'est à moi, c'est à toi de parler*, etc.?

38ᵉ SUJET. VERSION.

Heu! quàm miserum est servire ubi dominari doctus es!
(P. Syrus.)

QUESTIONS APPLIQUÉES.

1. Faites la construction de cette phrase.
2. Combien y a-t-il de propositions?
3. Qu'est-ce que *Heu!*
4. Quels sont les termes de la première proposition?
5. Qu'est-ce que *quàm?*
6. Pourquoi *est* est-il à la troisième personne du singulier?
7. Comment dites-vous que *servire* est un nom?
8. A quoi voyez-vous que ce nom est du neutre?
9. Quels sont les termes de la seconde proposition?
10. L'attribut *doctus* est-il complet?
11. Que fait le mot *ubi* entre ces deux propositions?
12. Mettez en latin cette phrase : Ah! combien la servitude est malheureuse, où moi, Hécube (nom de femme), j'ai été instruite à commander!
13. Mettez en latin cette phrase : Ah! combien la servitude est malheureuse, où vous, Hécube et Polyxène (noms de femme), avez été instruites à commander!

39ᵉ SUJET : VERSION.

Sunt mihi nummi aurei. — Quid mihi fingere prodest? — Deest jam terra fugæ. — Hoc tibi, lector, obest. — Tempori cedere sapientis est. — Est adolescentis majores natu vereri.
(Divers auteurs dans Lemare.)

CHAPITRE V.

QUESTIONS APPLIQUÉES.

1. Faites la construction de la première phrase, expliquez-la, mettez-la en français.
2. Pourquoi *sunt* gouverne-t-il le datif?
3. Faites la construction de la seconde phrase et expliquez-la.
4. A quel cas est *mihi*?
5. Faites la construction de la troisième phrase et expliquez-la.
6. Quels sont les termes de cette proposition?
7. Analysez et expliquez la quatrième phrase.
8. Expliquez les diverses parties de cette phrase.
9. Expliquez la cinquième phrase.
10. Analysez les termes de cette proposition.
11. Faites la construction de la dernière phrase et expliquez-la.
12. Distinguez les termes de cette proposition.

40ᵉ SUJET : THÈME.

Les anciens Romains furent toujours désireux de gloire et avides de louanges. — Alexandrie fut la rivale de Carthage. — La probité est agréable à Dieu. — L'ordre des chevaliers, chez les Romains, était le plus rapproché de la dignité sénatoriale. — L'île de Délos fut remplie de richesses.

§§ 41 à 45. LES QUATRE CONJUGAISONS.

QUESTIONS THÉORIQUES.

1. Qu'appelle-t-on conjugaisons?
2. Combien y a-t-il de conjugaisons en latin?
3. Comment les distingue-t-on?
4. Quelle est la première conjugaison?
5. Quelle est la seconde conjugaison?
6. Quelle est la troisième conjugaison?

LE VERBE.

7. Quelle est la quatrième conjugaison?
8. Comment les temps et les modes sont-ils disposés dans les verbes latins?
9. Les infinitifs se déclinent-ils?
10. Les participes se déclinent-ils?
11. Qu'est-ce que les *supins* et les *gérondifs* ?
12. Conjuguez le présent d'*amo*, j'aime, ou de tout autre verbe de la première conjugaison?
13. Conjuguez l'imparfait.
14. Conjuguez le futur.
15. Conjuguez de même un temps donné dans tel ou tel mode d'une des quatre conjugaisons[1].
16. Donnez toutes les premières personnes, ou toutes les secondes, ou toutes les troisièmes des temps d'un verbe.
17. Conjuguez tel ou tel temps en remontant de la troisième personne du pluriel à la première du singulier.
18. *Spectare* veut dire *regarder* : qu'est-ce que *spectabamus?* et que signifie ce mot?
19. Conjuguez ce temps tout entier.
20. *Rire* se dit en latin *ridere, es,* sur *monere*. Mettez en latin le français *vous ririez*, et dites ce que c'est.

41ᵉ SUJET : VERSION.

Latinus Silvius regnavit annos quinquaginta. Hujus temporibus, Amazones vastaverunt Asiam. Carchedon Tyrius Carthaginem condidit, ut quidam dicunt. Salomon quoque filius Davidis, regnans Hierosolymis, templum famosissimum condidit. (Cassiod., *Chron.*)

---

[1]. J'exprime ici d'une manière très-générale les questions que l'on peut faire sur la conjugaison des verbes. C'est au maître de les varier de mille manières.

CHAPITRE V.

QUESTIONS APPLIQUÉES.

1. Qu'est-ce que *regnavit* ?
2. Qu'est-ce que *vastaverunt* ?
3. Qu'est-ce que *condidit* ?
4. Qu'est-ce que *dicunt* ?
5. Pourquoi *dicunt* et *vastaverunt* sont-ils au pluriel ?
6. Pourquoi *regnavit* et *condidit* sont-ils au singulier ?

42ᵉ SUJET : THÈME.

Le Printemps. — Le laboureur joyeux voit le ciel serein. Il raccommode sa charrue, invoquant Dieu le dispensateur des fruits de la terre. Alors il réunit activement sous le joug les bœufs de labour et trace les légers sillons. Mais les bergers et les bouviers accordent leurs flûtes et chantent un chant pastoral, tantôt étendus sur le gazon, tantôt assis sur des roches ombragées.

§§ 46, 47, 48. FORMATION DES TEMPS.
LIAISON DES TEMPS PRIMITIFS. CONJUGAISON MIXTE. REDOUBLEMENTS ET SYNCOPES.

QUESTIONS THÉORIQUES.

1. Qu'appelle-t-on *temps primitifs* d'un verbe ?
2. Quels sont ces temps ?
3. Qu'appelle-t-on *temps dérivés* ?
4. D'où se forme l'impératif ?
5. D'où se forme l'imparfait du subjonctif ?
6. D'où se forme l'imparfait de l'indicatif ?
7. D'où forme-t-on le futur ?
8. D'où forme-t-on le présent du subjonctif ?
9. D'où forme-t-on le participe présent ?
10. D'où forme-t-on le gérondif ?
11. D'où forme-t-on le plus-que-parfait de l'indicatif ?
12. D'où se forme le futur passé ?
13. D'où se forme le parfait du subjonctif ?

14. D'où se forme le plus-que-parfait du subjonctif?
15. D'où se forme le parfait de l'infinitif?
16. D'où se forme le participe futur?
17. Comment forme-t-on les temps composés de l'infinitif?
18. Que faut-il pour conjuguer un verbe latin?
19. L'infinitif suffit-il quelquefois pour en déduire tous les autres temps?
20. L'infinitif présent suffit-il ordinairement pour déterminer le présent de l'indicatif?
21. Citez quelques verbes en *ere, io*.
22. Quelle conjugaison suivent ces nouveaux verbes?
23. Conjuguez un de ces verbes?
24. Qu'appelle-t-on redoublement dans les verbes?
25. Donnez des exemples.
26. N'y a-t-il pas des parfaits qui contractent leurs terminaisons?
27. Cette contraction se continue-t-elle hors du parfait?
28. Que peut-on faire dans les parfaits en *ivi?*
29. Quand il y a un *s* après les deux *i*, que peut-on faire encore?
30. Comment appelle-t-on en général ces contractions?

43ᵉ SUJET : VERSION.

Numa Pompilius regnavit annos quadraginta et unum. Duos menses anno addidit, januarium et februarium, quum ante hunc decem tantummodo menses apud Romanos fuissent. Capitolium quoque a fundamentis construxit. (Cassiod., *Chron.*)

QUESTIONS APPLIQUÉES.

1. Donnez les temps primitifs de *regnare*.
2. Donnez tous les temps de ce verbe qui se forment de l'infinitif.

3. Donnez les temps primitifs d'*addidit*.

4. Donnez les temps qui se forment du présent de l'indicatif.

5. Donnez les temps primitifs de *construxit*.

6. Donnez les temps qui se forment du parfait.

7. Donnez les temps qui se forment du supin.

8. Mettez en latin cette phrase : Numa Pompilius régnant ajoutait deux mois à l'année des Romains.

9. Mettez en latin cette autre phrase : Devant construire le Capitole de fond en comble, il invoquait les dieux.

44ᵉ SUJET : VERSION.

Deus, universitatis conditor, præsta mihi primùm ut benè te rogem, deinde ut me agam dignum quem exaudias, postremò ut liberes. (S. Aug., *Solil.*)

QUESTIONS APPLIQUÉES.

1. Qu'est-ce que *præsta* ?

2. Donnez le plus-que-parfait et le futur passé de ce verbe.

3. Qu'est-ce que *rogem* ?

4. Donnez le plus-que-parfait du subjonctif et le parfait de l'infinitif de ce verbe, d'abord tout simples, puis avec syncopes :

5. Qu'est-ce que *agam* ?

6. Donnez les participes présent et futur de ce verbe.

7. Qu'est-ce que *exaudias* ?

8. Donnez-en le parfait de l'indicatif, simple d'abord, puis avec syncope.

9. Donnez les autres temps formés du parfait avec les syncopes.

10. Qu'est-ce que *liberes* ?

11. Conjuguez le parfait de l'indicatif en faisant les syncopes.

LE VERBE.

45ᵉ SUJET : THÈME.

Suite du Printemps. — D'un autre côté, les maraîchers cultivent leurs légumes ; les oiseleurs garnissent leurs gluaux, désignent les branches et les entrelacent par un élégant artifice pour en faire un piége. Les pêcheurs contemplent la mer, nettoient leurs filets et s'asseoient sur des roches marines.

§§ 49, 50. SYNTAXE DES VERBES ATTRIBUTIFS ; ACCORD ET COMPLÉMENTS.

QUESTIONS THÉORIQUES.

1. Comment s'accordent les verbes attributifs ?
2. Que fait-on quand un seul verbe a plusieurs sujets ?
3. Que fait-on si les sujets sont de différentes personnes ?
4. Quand le sujet est un nom collectif, que peut-on faire ?
5. Qu'appelle-t-on *nom collectif* ?
6. Les verbes latins ne s'emploient-ils pas quelquefois, sans sujet exprimé, à la troisième personne du pluriel ?
7. Donnez des exemples.
8. Qu'appelle-t-on *verbes transitifs* ?
9. Qu'appelle-t-on *verbes intransitifs* ?
10. Quel cas gouvernent les verbes transitifs en latin ?
11. Y a-t-il une règle générale sur ce point ?
12. Y a-t-il quelques règles particulières ou qui puissent aider la mémoire ?
13. Comment appelle-t-on les verbes qui régissent l'accusatif ?
14. Comment appelle-t-on ceux qui veulent leur complément à un autre cas que l'accusatif ?

15. Y a-t-il une règle sur les verbes transitifs indirects?

16. Y a-t-il des verbes qui gouvernent l'ablatif?

17. Y a-t-il des verbes latins qui gouvernent le génitif?

18. Que fait-on quand deux verbes n'ont qu'un complément en français, et que les verbes latins gouvernent des cas différents?

46ᵉ SUJET : VERSION.

Piscator olim totum qui consumpserat
Multo diem labore, nihilque ceperat,
Littus repetebat tristis, quum subitò in scapham
Thunnus, inimicum dum fugit piscem, insilit.
Quem capiens : « Longus efficere, ait, quod labor
Non potuit, id fortuna quàm citò efficit! »

(Desbillons.)

QUESTIONS APPLIQUÉES.

1. Qu'est-ce que *consumpserat*?
2. Pourquoi est-il au singulier et à la troisième personne?
3. A-t-il un complément?
4. Quel est son complément direct?
5. Comment appelez-vous le verbe *consumere*?
6. Qu'est-ce que *ceperat*?
7. *Capere* est-il transitif direct?
8. Qu'est-ce que *repetebat*?
9. Est-il transitif direct?
10. Qu'est-ce que *tristis*?
11. Qu'est-ce que *insilit*?
12. Pourquoi est-il à la troisième personne du singulier?
13. *Insilire* est-il transitif direct?
14. Qu'est-ce que *fugit*?

LE VERBE.

15. Pourquoi est-il à la troisième personne et au singulier ?
16. *Fugere* est-il transitif direct ?
17. Qu'est-ce que *capiens*?
18. *Capere* est-il ici transitif direct ?
19. Qu'est-ce que *efficere* et *efficit* ?
20. *Efficere* est-il transitif direct ?

47ᵉ SUJET : THÈME.

Un comédien que les spectateurs sifflaient cruellement à cause de sa laideur, toutes les fois qu'il entrait en scène, un jour encore plus mal reçu que de coutume, s'avança vers le bord et harangua ainsi l'assistance : « Messieurs, considérez ceci, je vous prie. Il vous est encore plus facile de supporter mon visage, quelque laid qu'il soit, qu'à moi de le changer. » Cette réflexion changea tout à coup les dispositions des spectateurs ; et comme l'acteur avait été très-mal reçu autrefois, il le fut fort bien dans la suite.

§§ 51, 52. INFINITIFS COMPLÉMENTS DE NOMS,
D'ADJECTIFS, DE PRÉPOSITIONS ;
DOUBLES COMPLÉMENTS DES VERBES.

QUESTIONS THÉORIQUES.

1. Les verbes peuvent-ils être compléments de quelques mots ?
2. Le latin emploie-t-il l'infinitif quand le verbe est complément d'un nom, d'un adjectif ou d'une préposition ?
3. Comment se comportent alors les gérondifs ?
4. Quelle est la règle de *tempus legendi*?
5. Quelle est la règle *cupidus videndi*?
6. Quelle est la règle *crura apta natando*?
7. Quelle est la règle *pronus ad irascendum*?
8. Donnez un exemple.

9. Quelle est la règle *redeo ab ambulando?*

10. Y a-t-il des verbes qui prennent à la fois deux compléments?

11. Quelle est la règle *do vestem pauperi?*

12. Dites la règle *doceo pueros grammaticam.*

13. Ces deux compléments sont-ils directs?

14. Quelle est la règle *accepi litteras a patre meo?*

15. Conserve-t-on la même préposition si le complément indirect est un nom de chose?

16. Quelle est la règle *id audivi ex* ou *ab amico meo?*

17. A quel cas met-on le complément indirect des verbes *délivrer, racheter, éloigner, ôter,* etc.?

18. A quel cas met-on le complément indirect des verbes d'abondance, de disette, de privation?

19. A quel cas met-on le complément indirect des verbes *avertir, informer?*

20. A quel cas met-on le complément indirect des verbes *accuser, condamner, absoudre, convaincre?*

48ᵉ SUJET : VERSION.

L'habile chasseur. — Inter quosdam venatores unus erat artis venatoriæ omninò rudis, quem socii sæpè irriserant. Hic denique in agro leporem vidit propiùs stantem. Tum tacitè incedit, aptans humero fistulam, jamque animo prædam et oculis præcipit. E tubulo erumpit fulmen et humi leporem sternit pænè contiguum. Noster, primâ victoriâ lætus, sodales hilari vultu et clarâ voce compellat, « Plaudite, clamitans, plaudite! ex meâ venatione hodie cœnabimus; » simulque ipse ad prædam provolat, et jacentem erigit. At inter omnium cachinnos, leporis mortui pellem, paleâ fœtam, quam socii jocum captantes opportuno loco posuerant, invenerat. (M. Leroy.)

QUESTIONS APPLIQUÉES.

1. A quel cas est *quem?* et pourquoi?
2. *Videt* a-t-il deux compléments?
3. Qu'est-ce que *aptans?* A-t-il deux compléments?

LE VERBE.

4. Qu'est-ce que *præcipit?* A-t-il plusieurs compléments?

5. Qu'est-ce que *sternit?* A-t-il plusieurs compléments?

6. Qu'est-ce que *compellat?* A-t-il plusieurs compléments?

7. Qu'est-ce que *cœnabimus?* A-t-il plusieurs compléments?

8. Qu'est-ce que *provolat?* A-t-il plusieurs compléments?

9. Qu'est-ce que *posuerant?* A-t-il plusieurs compléments?

10. Qu'est-ce que *invenerat?* A-t-il plusieurs compléments?

49ᵉ SUJET : THÈME.

Un soldat tout à fait ignorant dans l'art de lire, comme il avait trouvé une inscription gravée sur un mur en lettres de bronze, détacha les lettres une à une, les mit dans un sac sans aucun ordre, et les envoya à son ami qui étudiait l'antiquité, le priant de lui expliquer ce qu'elles signifiaient.

§§ 53 à 57. LES CONJUGAISONS PASSIVES.

QUESTIONS THÉORIQUES.

1. Qu'expriment en général les verbes étudiés jusqu'ici?

2. Comment les apelle-t-on parce qu'ils expriment une action faite par le sujet?

3. Y a-t-il des verbes d'une nature différente?

4. Y a-t-il pour les verbes passifs une différence entre le latin et le français!

5. Combien y a-t-il de conjugaisons passives en latin?

6. Comment reconnaît-on la première?

7. Comment reconnaît-on la seconde?

8. Comment reconnaît-on la troisième?

9. Comment reconnaît-on la quatrième?

10. Ces conjugaisons ont-elles les mêmes temps que les conjugaisons actives correspondantes?

11. Comment exprime-t-on ces temps dérivés du parfait, qui manquent comme temps simples?

12. Conjuguez tel temps du verbe.... (Le professeur donne l'infinitif passif, et sa signification.)

13. Conjuguez tel mode du verbe.... (Le professeur donne l'infinitif passif et sa signification.)

14. Donnez en français le sens de telle forme d'un verbe passif, comme *videmur*, *videbamini*, *videbitur*. (Le professeur donne la signification de l'infinitif présent.)

15. Conjuguez ce temps entier.

16. Mettez en latin tel temps d'un verbe français, je serai battu, vous seriez battus, etc. (Le professeur donne l'infinitif passif latin.)

17. Formez un ou plusieurs temps composés, comme j'ai été conduit, j'avais été conduit, etc. (Le professeur donne le participe passé.)

18. Supposez que ce soit une femme qui parle.

50ᵉ SUJET : VERSION.

Præceptis salutaribus moniti, et divinâ institutione formati, audemus dicere : Pater noster qui es in cœlis, sanctificetur nomen tuum; fiat voluntas tua sicut in cœlo et in terrâ; panem nostrum quotidianum da nobis hodie; et dimitte nobis debita nostra, sicut et nos dimittimus debitoribus nostris; et ne nos inducas in tentationem, sed libera nos a malo. (*Oraison dominicale, à la messe.*)

QUESTIONS APPLIQUÉES.

1. Qu'est-ce que *moniti?*

2. Pourquoi est-il au nominatif pluriel masculin?

3. Qu'est-ce que *formati?*

4. Pourquoi est-il au nominatif, au masculin et au pluriel?

5. Comment des femmes devraient-elles prononcer la même phrase?

6. Comment une seule femme la prononcerait-elle?

7. Qu'est-ce que *Pater noster?*

8. Qu'est-ce que *sanctificetur?*

9. A quoi se rapporte ce mot?

10. Qu'est-ce que *da?*

11. Donnez les troisièmes personnes du singulier et du pluriel des temps simples de l'indicatif et du subjonctif du verbe *dare* au passif.

12. Qu'est-ce que *dimitte* et *dimittimus?*

13. Donnez les premières personnes du pluriel des temps simples du même verbe à l'indicatif et au subjonctif passifs.

14. Le participe passé de ce verbe est *dimissus, a, um*: donnez les troisièmes personnes du pluriel des temps composés des mêmes modes au passif, en supposant un sujet neutre, conme *peccata*, les péchés.

15. Qu'est-ce que *inducas* et *libera?*

16. Donnez les mêmes personnes des mêmes temps au passif.

17. Conjuguez l'indicatif de *inducor, eris*, je suis induit.

18. Conjuguez le parfait du même verbe: le participe est *inductus.*

19. Conjuguez le futur de l'indicatif de *liberor, aris*, je suis délivré.

20. Conjuguez le futur passé du même verbe: le participe est *liberatus.*

CHAPITRE V.

51e SUJET : VERSION.

Vulpis rapuerat gallum gallinaceum
Voraveratque; at hanc recenti sanguine
Adhuc madentem fortis occupat canis
Crebroque dente membra discerpens vorat.
Ab alio expectes alteri quod feceris. (Desbillons.)

QUESTIONS APPLIQUÉES.

1. Mettez en latin : Un poulet est enlevé, était enlevé, sera enlevé.
2. Mettez en latin : Des poulets ont été enlevés, avaient été enlevés, auront été enlevés.
3. Mettez en latin : Deux poulets sont dévorés, étaient dévorés, seront dévorés, seraient dévorés.
4. Mettez en latin : Le renard est saisi, était saisi, sera saisi, serait saisi.
5. Mettez en latin : Renard, tu es saisi, tu as été saisi, tu seras saisi, tu serais saisi.
6. Mettez en latin : Moi, renard, je suis saisi, j'étais saisi, je serai saisi, je serais saisi.
7. Mettez en latin : Le loup et le renard ont été saisis, avaient été saisis, auront été saisis, auraient été saisis.
8. Mettez en latin : Les membres sont déchirés, étaient déchirés, seront déchirés par une morsure répétée.
9. Mettez en latin : O membres, vous êtes déchirés, vous étiez déchirés, vous serez déchirés, vous seriez déchirés par une morsure répétée.

52e SUJET : THÈME.

Comme un recteur de l'Université de Paris, dans un discours au roi Henri IV, s'étendait beaucoup plus qu'il ne convenait, et disait des choses qu'il n'avait pas été chargé de dire par le conseil de l'Université, le roi, soit par conjecture, soit parce

LE VERBE.

qu'il avait été averti par quelqu'un, demanda à ce recteur quelle faculté il professait, et celui-ci lui ayant répondu : « La médecine, » le roi, se tournant vers la noblesse arrêtée autour de lui : « Mon Université, dit-il, est bien malade, puisque la voilà sous la conduite des médecins. »

§§ 58, 59. FORMATION DES TEMPS DU PASSIF. CONJUGAISON MIXTE AU PASSIF.

QUESTIONS THÉORIQUES.

1. D'où se forment les temps du passif?
2. Comment se forme le présent de l'indicatif passif?
3. Comment se forme l'imparfait?
4. Comment se forme le futur?
5. Comment se forment le parfait, le plus-que-parfait et le futur passé de l'indicatif?
6. Comment se forme l'impératif passif?
7. Comment se forme le présent du subjonctif passif?
8. Comment se forme l'imparfait du subjonctif?
9. Comment se forment le parfait et le plus-que-parfait du subjonctif passif?
10. Comment se forme le présent de l'infinitif passif?
11. Comment se forme le parfait de l'infinitif?
12. Comment se forme le futur?
13. Comment se forme le futur passé?
14. Comment se forme le participe passé?
15. Comment se forme le participe futur?
16. Comment se forme le supin passif?
17. Comment l'appelle-t-on à cause de sa forme?
18. Y a-t-il quelque chose à dire sur la conjugaison mixte au passif?
19. Conjuguez tel temps de *accipior*, *conficior*, etc. (Le professeur indique le temps.)

CHAPITRE V.

53ᵉ SUJET : VERSION.

Asperges me, Domine, hyssopo, et mundabor; lavabis me et super nivem dealbabor. (Prière à l'aspersion de l'eau, au commencement de la messe.)

QUESTIONS APPLIQUÉES.

1. Qu'est-ce que *Asperges?*
2. Donnez le futur passif du même verbe.
3. Donnez le futur passé passif.
4. Qu'est-ce que *mundabor?*
5. Pourquoi est-il à la première personne?
6. Donnez le présent et le parfait du subjonctif actif et passif :
7. Qu'est-ce que *lavabis?*
8. Donnez la même personne du même temps au passif.
9. Donnez la même personne dans les autres temps simples de l'indicatif et du subjonctif passifs.
10. Qu'est-ce que *dealbabor?*
11. Conjuguez ce temps.
12. Donnez les troisièmes personnes du singulier des temps simples de ce verbe au passif.
13. Donnez les troisièmes personnes du pluriel des mêmes temps.

54ᵉ SUJET : THÈME.

Les gâteaux d'Albéric. — Albéric de Faënza avait un caractère cruel et tout à fait disposé à la perfidie. Comme il avait conçu contre quelques-uns de ses compagnons une haine mortelle, il forma le dessein de les faire périr; et pour les accabler plus sûrement tous à la fois, il fit semblant de se remettre avec eux en bonne intelligence. Alors comme pour consolider par une politesse ce retour à l'amitié, il les invite tous à un repas splendide et magnifique. La gaîté était au comble, le vin circulait largement. Le front de l'hôte élevé montrait l'oubli entier de l'ancienne inimitié.

§§ 60, 61. SYNTAXE DES VERBES PASSIFS; EMPLOI DU PASSIF AU LIEU DE L'ACTIF.

QUESTIONS THÉORIQUES.

1. Quel cas met-on après un verbe passif ou un verbe d'état ?
2. Donnez des exemples.
3. A quel cas met-on le complément d'un verbe passif ?
4. Y a-t-il quelque exception ?
5. Si le complément d'un verbe passif est un nom de chose, que fait-on ?
6. Comment forme-t-on avec le passif d'un verbe un sens équivalent à celui de sa voix active ?
7. Donnez un exemple.
8. Cette propriété sert-elle à quelque chose ?
9. Donnez des exemples du gérondif remplacé par le participe futur passif.

55ᵉ SUJET : VERSION.

Deuil des soldats après la mort de Turenne. — Ubi primùm vulgata est per ordines luctuosa vox : « Turennius cecidit, » invasit statim omnes mœror, et eodem ictu velut exanimatos triste parumper silentium defixit. Deinde erupêre ejulatus, gemitus et in communi luctu dissoni clamores. Ploraverunt invicem milites orbitatem suam, interrogaverunt alii alios cuinam fato relicti essent? quis Turennii vicem impleret? quis tot victoriis partum decus servare posset? nunquam amisso patre tam acerbus tamque concors unius familiæ luctus fuit, quàm erepto Turennio universi exercitûs comploratio. (Lebeau, *Opera latina.*)

QUESTIONS APPLIQUÉES.

1. Qu'est-ce que *vulgata est* ?
2. Qu'est-ce que *invasit* ?

3. A-t-il un complément?
4. Faites la construction de la phrase suivante.
5. Y a-t-il là un verbe transitif direct?
6. Qu'est-ce que *exanimatos*?
7. Qu'est-ce que *erupére*?
8. Quel est son sujet?
9. Qu'est-ce que *ploraverunt*?
10. Quel est son sujet et son complément?
11. Dites à quel temps est *interrogaverunt*, et conjuguez le même temps au passif.
12. Qu'est-ce que *relicti essent*?
13. Quel est son sujet?
14. Qu'est-ce que *partum*?
15. Qu'est-ce que *amisso*?
16. Qu'est-ce que *erepto*?
17. Mettez en latin : Le père est perdu; Turenne est enlevé.
18. Mettez avec les mêmes sujets les mêmes verbes à l'imparfait et au futur de l'indicatif.

56e SUJET : THÈME.

Les gâteaux d'Albéric (suite). — Déjà l'on se livrait aux rires, aux bons mots; déjà la nuit était avancée. Voilà qu'Albéric ordonne d'apporter les gâteaux. C'était le signal du carnage qu'il avait préparé. Des meurtriers tout prêts et armés s'élancent l'épée nue dans la salle du repas; on pousse des cris, on se heurte, les tables sont renversées. Les convives sans armes sont frappés au milieu des pots. Alourdis par le vin, et embarrassés par leurs habits de fêtes, ils sont égorgés au signal de leur hôte, qui tout à l'heure présidait au festin, qui maintenant, arbitre de leur mort, les désignait successivement au carnage. De là est venu chez les Italiens ce proverbe, quand ils veulent dire que quelqu'un a été frappé de l'épée, qu'il a goûté les gâteaux d'Albéric.

LE VERBE.

§§ 62 à 67. VERBES DÉPONENTS ET LEURS CONJUGAISONS.

QUESTIONS THÉORIQUES.

1. Qu'appelle-t-on verbes *déponents?*
2. Donnez des exemples.
3. Comment ces verbes se conjuguent-ils?
4. N'y a-t-il rien à dire des participes dans les verbes déponents?
5. Quels sont ces participes?
6. Que remarquez-vous sur le participe futur passif?
7. Comment forme-t-on les temps composés des verbes déponents?
8. L'infinitif des verbes déponents n'a-t-il pas quatre futurs?
9. Est-ce là tout l'infinitif?
10. Récitez le verbe.... (Le maître indique un verbe de la première, de la deuxième, de la troisième ou de la quatrième conjugaison, ou de la conjugaison mixte.)
11. Récitez tel temps, tel mode de tel verbe.

57ᵉ SUJET : VERSION.

PAUL. Trahit sua quemque voluptas. Mihi placet venatio. — THOMAS. Placet et mihi : sed ubi sunt canes? ubi venabula? ubi casses? — PAUL. Valeant apri, ursi, cervi et vulpes : nos insidiabimur cuniculis. — VINCENT. At ego laqueos injiciam locustis, insidiabor gryllis. — LAURENT. Ego ranas captabo. — BARTHOLOM. Ego papiliones venabor. — LAURENT. Difficile est sectari volantia. — BARTHOLOM. Difficile, sed pulchrum, nisi pulchrius esse ducas sectari lumbricos aut cochleas quia carent alis. — LAURENT. Equidem malo insidiari piscibus. (Erasm. *Colloq.*)

QUESTIONS APPLIQUÉES.

1. Qu'est-ce que *trahit?*
2. A quoi se rapporte-t-il?

3. Qu'est-ce que *placet*?
4. Qu'est-ce que *valeant*?
5. Qu'est-ce que *insidiabimur*?
6. Qu'est-ce que *injiciam*?
7. Qu'est-ce que *insidiabor*?
8. Conjuguez ce temps.
9. Conjuguez le présent et l'imparfait de l'indicatif du même verbe.
10. Qu'est-ce que *venabor*?
11. Conjuguez ce temps.
12. Conjuguez l'imparfait du subjonctif du même verbe.
13. Conjuguez le parfait et le plus-que-parfait du subjonctif.
14. Qu'est-ce que *sectari*?
15. Donnez-en les gérondifs.
16. Qu'est-ce que *insidiari*?
17. Conjuguez-en le futur passé de l'indicatif, en supposant que le sujet soit une femme.

58ᵉ SUJET : THÈME.

Jamais personne ne fut plus patient que Socrate. Sa femme est dite avoir été tellement acariâtre, qu'elle prenait le plus grand plaisir à tourmenter son mari par tous les chagrins (possibles). Alcibiade interrogea un jour Socrate pourquoi il ne chassait pas de sa maison une femme si méchante. « C'est, dit-il, parce que tant que je l'ai avec moi, je m'exerce et m'accoutume afin de supporter (en latin, afin que supporte) plus facilement l'insolence des méchants. J'imite ces écuyers qui domptent d'abord un cheval très-fougueux pour pouvoir se servir des autres sans danger. »

§ 68. SYNTAXE DES VERBES DÉPONENTS.

QUESTIONS THÉORIQUES.

1. Quelle est la règle *imitor patrem*?
2. Y a-t-il des verbes déponents qui veuillent le datif?

3. Dites la règle *fruor otio?*

4. Y a-t-il des verbes déponents qui régissent le génitif?

5. Y a-t-il des verbes déponents qui prennent deux compléments?

6. Ces compléments directs ou indirects répondent-ils toujours à ceux du français?

7. Donnez l'exemple d'une tournure différente en français et en latin.

8. Où trouve-t-on les cas que régissent les différents verbes déponents?

59ᵉ SUJET : VERSION.

Confiteor Deo omnipotenti, beatæ Mariæ semper virgini beato Michaeli archangelo, beato Joanni Baptistæ, sanctis apostolis Petro et Paulo, omnibus Sanctis, et tibi, pater, quia peccavi nimis cogitatione, verbo et opere : Meâ culpâ, meâ culpâ, meâ maximâ culpâ. Ideò precor beatam Mariam semper virginem, beatum Michaelem archangelum, beatum Joannem Baptistam, sanctos apostolos Petrum et Paulum, omnes Sanctos, et te, pater, orare pro me ad dominum Deum nostrum.

QUESTIONS APPLIQUÉES.

1. Qu'est-ce que *Confiteor?*

2. Qu'est-ce que *Confitebor*, dans ces mots d'un psaume. *Confitebor tibi, Domine.*

3. Traduisez ces mots en français.

4. Quels sont ces mots *Deo omnipotenti, beatæ Mariæ*, etc.

5. A quel cas sont les mots *meâ culpâ?*

6. Qu'est-ce que *precor?*

7. Quel cas ce verbe gouverne-t-il?

8. Comment plusieurs hommes diront-ils en latin : Nous avons prié la bienheureuse Marie toujours vierge?

9. Comment plusieurs femmes diront-elles la même phrase?

10. Comment une seule femme la dirait-elle?

60ᵉ SUJET : THÈME.

Alexandre le Grand, à peine âgé de douze ans, commença à faire ses délices de la guerre et à donner des preuves de sa grandeur d'âme. Comme il était interrogé par quelques seigneurs de son âge s'il n'irait pas volontiers aux jeux olympiques : « Oui, dit-il, si je devais y avoir des rois pour antagonistes. » Toutes les fois qu'on lui annonçait que Philippe, son père, avait pris quelque place importante ou remporté quelque victoire célèbre, bien loin de s'en réjouir, il disait à ceux de son âge : « O mes amis, mon père prendra tout et ne nous laissera rien à faire de mémorable. » Ce prince n'était point passionné pour les plaisirs ni pour l'argent : il ne l'était que pour la gloire.

§§ 69, 70. VERBES PRIS POUR COMPLÉMENTS; INFINITIFS, SUPINS, GÉRONDIFS, PARTICIPES.

QUESTIONS THÉORIQUES.

1. Quand un verbe est complément d'un autre, que fait-on?

2. Comment l'infinitif complément d'un verbe peut-il être considéré?

3. Comment se rend la locution française où la conjonction *que* joint deux phrases dont l'une est explicative de l'autre?

4. Donnez un exemple.

5. Cette tournure par l'infinitif est-elle très-usitée en latin?

6. A quel temps de l'infinitif faut-il mettre le verbe complément en latin?

7. Comment détermine-t-on la relation entre les verbes des deux phrases françaises?

LE VERBE.

8. Donnez des exemples.

9. Quand le premier verbe signifie mouvement pour aller ou venir en quelque lieu, que fait-on du second?

10. Si le second verbe est complément d'une préposition exigée par le premier, que fait-on?

11. Donnez un exemple.

12. Peut-on dans ce cas, quand le second verbe a un complément direct, mettre le participe en *dus, da, dum*, à la place du gérondif?

13. Quand *à* devant un infinitif français peut se tourner par *pour* avec l'infinitif passif, que fait-on?

14. Après les verbes *voir, sentir, écouter, entendre*, comment s'exprime en latin l'infinitif français?

15. Donnez un exemple.

61ᵉ SUJET : VERSION.

Antisthenes discipulos hortabatur ad dandam operam sedulam sapientiæ, et pauci obtemperabant. Itaque tandem indignatus dimisit a se omnes inter quos erat et Diogenes. Quum vero hic incensus magno audiendi philosophi studio, ad eum tamen ventitaret, eique adhæreret pertinaciter, minatus est Antisthenes se percussurum illi caput baculo quem solebat manu gestare; et his minis non territum reipsâ percussit aliquando. Non recessit propterea Diogenes; sed animo obstinato ad imbuendum pectus philosophiæ præceptis : « Percute, inquit, si ita placet, ego tibi caput præbebo, neque vero tam durum invenies fustem, ut me a tuâ scholâ abigas. » Admisit tandem tam cupidum doctrinæ discipulum Antisthenes. (*Selectæ.*)

QUESTIONS APPLIQUÉES.

1. Expliquez littéralement la phrase *hortabatur ad dandam operam sapientiæ*, et indiquez la règle qui s'y rapporte.

2. Expliquez littéralement les mots *incensus magno audiendi philosophi studio*, et indiquez la règle qui s'y rapporte.

3. Comment pourrait-on mettre par le gérondif?

4. Qu'est-ce que *audiendi* dans le texte?

5. Expliquez la phrase: *Minatus est Antisthenes se percussurum illi caput.*

6. Quelle est cette règle?

7. Qu'est-ce que *gestare?* et qu'est-ce qui le régit?

8. Quelle est la construction de la phrase: *Sed obstinato*, etc.

9. Expliquez-la littéralement.

10. Qu'est-ce que *imbuendum* ici?

62ᵉ SUJET : THÈME.

ADRIEN. Ton frère est-il arrivé de Lyon? — LÉOPOLD. Il est arrivé hier avant midi. — AD. Ne t'a-t-il apporté aucune lettre? — LÉOP. Non. — AD. Que t'a-t-il donc annoncé? — LÉOP. Que tout allait bien. — AD. Que t'a-t-il dit en particulier de ton père? — LÉOP. Il dit que, par la grâce de Dieu, il n'a plus du tout la fièvre, et qu'il se rétablit peu à peu. — AD. Je m'en réjouis, et je prie Dieu qu'il recouvre bientôt sa bonne santé première. Mais pourquoi ne t'a-t-il pas écrit comme il en a l'habitude? — LÉOP. Mon frère dit qu'il n'a pu écrire. — AD. Pourquoi cela? — LÉOP. Parce qu'il n'était pas assez fort. — AD. Cela n'est pas étonnant, après qu'il a été si longtemps et si gravement malade. Mais ne t'a-t-il rien envoyé? — LÉOP. Si fait, de l'argent. — AD. Bravo, aucun courrier n'est plus agréable.

§ 71. VERBES IRRÉGULIERS.

QUESTIONS THÉORIQUES.

1. Qu'appelle-t-on *verbes irréguliers?*

2. Tous les verbes irréguliers le sont-ils de la même manière?

3. Quelle est la première sorte d'irrégularité?

4. Donnez-en un exemple.

5. Quelle est la seconde sorte d'irrégularité?

6. Donnez-en un exemple.

7. Quelle est la troisième sorte d'irrégularité?

8. Donnez-en un exemple.

9. Comment appelle-t-on les verbes comme *soleo*, *solitus sum*?

10. Quelle est la quatrième sorte d'irrégularité?

11. Donnez-en un exemple.

12. Comment appelle-t-on ces derniers verbes?

13. Qu'est-ce que les verbes *impersonnels*?

14. Se rapportent-ils aux verbes défectifs?

15. Donnez-en un exemple.

EXERCICE DE CONJUGAISON.

1. Conjuguez *fero*, je porte; parfait *tuli*, supin *latum*.

2. Conjuguez le verbe *ire*, aller, ou un de ses composés.

3. Conjuguez un des verbes semi-déponents, *audeo*, j'ose; *gaudeo*, je me réjouis; *soleo*, je suis accoutumé à, etc.

4. Conjuguez un des verbes où la série du présent est remplacée par celle du parfait, comme *memini*, je me souviens.

5. Conjuguez un verbe de cette sorte qui soit en même temps semi-déponent, comme *odi*, je hais; *osus sum*, j'ai haï.

6. Conjuguez un verbe impersonnel, comme *oportet*, il faut; *ningit*, il neige, etc.

7. Conjuguez un verbe impersonnel avec complément personnel, comme *me pœnitet*, je me repens.

8. Conjuguez-en un qui soit en même temps semi-déponent, comme *me miseret*, j'ai pitié; *me misertum est*, j'ai eu pitié.

9. Conjuguez un verbe très-défectif, comme *aio*, je dis; *inquam*, dis-je, etc.

63ᵉ SUJET : VERSION.

Un maître grondeur éveille son valet. — Heus! heus! furcifer! jamdudum raucesco clamare, nec tu tamen expergisceris. Videre mihi vel cum gliribus certare posse. Aut ociùs surge, aut ego tibi fuste somnum istum excutiam. Non te pudet, in multam lucem stertere? Qui frugi sunt famuli, solent exortum solis antevertere, curareque ut herus surgens reperiat omnia parata. Ut ægrè divellitur a lecto tepefacto! Dum scalpit caput, dum distendit nervos, dum oscitat, tota abit hora. — SYRUS. Vixdum diluxit. — ROBINUS. Credo tibi, nam tuis oculis adhuc multa nox est. — SYR. Quid me jubes facere? — ROB. Fac ut luceat focus, verre pileum ac pallium, exterge calceos et crepidas. (Erasm., *Colloq.*)

QUESTIONS APPLIQUÉES.

1. Qu'est-ce que *raucesco?*
2. Qu'est-ce que *expergisceris?*
3. Qu'est-ce que *surge?*
4. Qu'est-ce que *te pudet?*
5. Qu'est-ce que *stertere?*
6. Qu'est-ce que *solent?*
7. Qu'est-ce que *antevertere?*
8. Qu'est-ce que *scalpit?*
9. Qu'est-ce que *abit?*
10. Qu'est-ce que *diluxit?*
11. Qu'est-ce que *facere?*
12. Qu'est-ce que *fac?*
13. Qu'est-ce que *exterge?*

64ᵉ SUJET : THÈME.

Un duc de Bourgogne avait une inclination naturelle à voler. Il se faisait un passe-temps d'un métier qui aurait été dangereux à tout autre. C'était pour lui un jeu de prince d'enlever subtilement une montre ou de couper une bourse. Mais il exerçait cette profession en honnête homme. S'il était adroit à réussir, il était aussi fort exact à rendre ce qu'il avait pris. Un jour qu'il donnait une collation magnifique à plusieurs seigneurs, il se glissa dans la compagnie un filou aussi rusé et aussi habile que lui, mais moins désintéressé et moins scrupuleux.

LE VERBE.

§ 72. SYNTAXE DES VERBES IRRÉGULIERS.

QUESTIONS THÉORIQUES.

1. Quelle règle de syntaxe suivent, en général, les verbes irréguliers ?
2. Comment construit-on les verbes impersonnels ?
3. Quelques verbes complets ne peuvent-ils pas se prendre impersonnellement au passif ?
4. Quelques verbes intransitifs ne se prennent-ils pas au passif dans ce sens impersonnel ?
5. A quelle tournure française répondent ces formes de langage ?
6. Comment traduit-on en latin les formes *il faut*, *on peut*, *on doit*, suivies d'un infinitif ?
7. Donnez un exemple.
8. Y a-t-il des impersonnels qui prennent leur complément au datif ?
9. Y a-t-il des impersonnels qui prennent leur complément à l'accusatif ?
10. A quel cas ces verbes veulent-ils leur complément indirect ?
11. Y a-t-il d'autres verbes qui régissent le génitif ?
12. Que fait-on si le complément est un pronom ?
13. Que fait-on si ces pronoms sont eux-mêmes suivis d'un nom, comme dans cette phrase : Il importe à moi, César ?
14. Ne forme-t-on pas dans les verbes latins un infinitif futur invariable ?
15. Y a-t-il à l'actif une forme semblable ?

65ᵉ SUJET : VERSION.

Morbo laborans cervus cum decumberet,
Cervi propè omnes nemoris ejusdem incolæ
Ad eum venêre, dictitantes maximam,

Quidquid doleret, capere partem mali.
Suam ille gratus hos ita benignè vicem
Dolere visos, benevolis affectibus
Aptisque verbis, quando id unum nunc potest,
Remuneratur; et pietatis sedulæ
Officia laudat, seque, non obstent modò
Fata nimis aspera, memorem spondet fore.
At pristina brevì quum revertisset salus,
Exsurgit, visit quo suæ sint res loco;
Vidensque ab istis solatoribus suis
Absumpta circum sua fuisse pabula :
« Officia, dixit, sancta quanto veneunt! » (Desbillons.)

QUESTIONS APPLIQUÉES.

1. Qu'est-ce que *venêre*?
2. A quel cas a-t-il son complément?
3. Qu'est-ce que *doleret* et *dolere*?
4. Comment, si *dolere* est intransitif, gouverne-t-il ici les accusatifs *quidquid* et *vicem*?
5. Qu'est-ce que *potest*?
6. *Id unum* est-il le complément direct de *potest*?
7. Qu'est-ce que *spondet*?
8. En quoi consiste l'irrégularité de ce verbe?
9. Le redoublement passe-t-il au passif?
10. Qu'est-ce que *exsurgit*?
11. Où est l'irrégularité de ce verbe?
12. Qu'est-ce que *absumpta fuisse*?
13. Pourquoi le participe est-il au pluriel neutre?
14. Cet infinitif passif a-t-il un complément?
15. *Dicere*, d'où vient *dixit*, est-il irrégulier?
16. Qu'est-ce que *veneunt*?
17. Pourquoi ne fait-il pas *venent*?

66ᵉ SUJET : THÈME.

Suite du précédent. — La table était couverte de vases d'or et d'argent. Cet homme, plus attentif aux vases qu'aux liqueurs, détourna finement une coupe d'or, sans être aperçu de personne, excepté du prince, accoutumé à ces sortes de tours. Le duc ne dit mot sur l'heure. Mais lorsque la compagnie fut retirée, il prit le filou en particulier : « Remercie Dieu, lui dit-il, de ce que mon maître d'hôtel ne t'a point vu dérober ce que tu sais bien, car tu aurais été pendu dès demain. Va-t'en, coquin, car tu ne fais pas honneur à ta profession. »

CHAPITRE VI.

L'ADVERBE.

§§ 73 à 75. DÉFINITION; CLASSIFICATION; SYNTAXE DES ADVERBES.

QUESTIONS THÉORIQUES.

1. Qu'est-ce que l'*adverbe*?
2. Distingue-t-on plusieurs sortes d'adverbes?
3. Qu'est-ce que les adverbes de *manière*?
4. Comment se forment-ils des adjectifs?
5. Ces adverbes n'ont-ils pas leurs degrés de signification?
6. N'y a-t-il pas des adverbes qui marquent le nombre de fois?
7. Quels sont les adverbes d'ordre?
8. Quels sont les adverbes de lieu?
9. Quels sont les adverbes de temps?
10. Quels sont les adverbes d'affirmation?
11. Quels sont les adverbes de négation?
12. Les Latins n'ont-ils pas un adverbe interrogatif?
13. Quels sont les adverbes de doute?
14. Quels sont les adverbes qui servent à conclure, à raisonner?
15. Quels sont les adverbes de quantité?

16. Comment se construisent les adverbes?
17. Les adverbes prennent-ils des compléments?
18. Donnez des exemples.
19. Comment se construit *instar?*
20. Comment se construit *obviam?*
21. Comment se construisent *en, ecce,* voici, voilà?
22. Quelle forme les adverbes ou noms de quantité prennent-ils avec les verbes ordinaires?
23. Quelle forme prennent-ils devant un nom de chose qui peut être grande ou petite?
24. Quelle forme prennent-ils devant les noms pluriels?
25. Quelle forme prennent-ils devant les adjectifs?
26. Quelle forme prennent-ils devant les comparatifs et les verbes d'excellence?
27. Quelle forme prennent-ils devant les verbes de prix ou d'estime, c'est-à-dire qui marquent combien une chose a coûté?
28. Comment explique-t-on ces génitifs?

67e SUJET : VERSION.

Rectène vales? — Valeo ut solent quibus cum medicis res est. — Rem sanè mihi acerbam narras. Bono sis animo oportet. Multùm juvat animus in re malâ bonus. Quis te morbus habet? — Nescio, et hoc laboro periculosiùs. — Verum; nam ad sanitatem gradus est novisse morbum. Nullos-ne consuluisti medicos? — Et quidem permultos. — Quid respondent? — Id quod advocati (respondent) Demiphoni apud Terentium; alius negat, alius ait, alius deliberandum censet. In hoc consentiunt omnes me miserum esse. (Érasm., *Colloq.*)

QUESTIONS APPLIQUÉES.

1. Qu'est-ce que *rectè?*
2. Donnez ses degrés de signification.
3. Comment est-il construit dans la phrase?

L'ADVERBE.

4. Qu'est-ce que *ne* ?
5. Qu'est-ce que *sanè* ?
6. Qu'est-ce que *multùm* ?
7. D'où vient ce mot *multùm* ?
8. Qu'est-ce que *periculosiùs* ?
9. Donnez ses degrés de signification.
10. Qu'est-ce que *verum* ? Est-ce un adverbe ici ?
11. Qu'est-ce que *ne* après *nullos* ?
12. Qu'est-ce que *quidem* ? Expliquez mot à mot la phrase où il entre.

68ᵉ SUJET : THÈME.

Dans une église, un jour de fête, comme le suisse de la paroisse écartait la foule qui se pressait de tous côtés, frappant le pavé de temps en temps d'un coup sonore de sa hallebarde, il écrasa la patte d'un chien qui par hasard se trouvait là. Celui-ci, irrité par la douleur, mordit fortement le mollet de cet homme, et fut aussitôt par lui percé de la pointe de sa hallebarde. Le maître du chien ne put supporter cette action, et dit : « Bourreau, pourquoi déchires-tu ainsi un chien qui ne l'a pas mérité ? Ne valait-il pas mieux le chasser seulement avec la hampe de ta hallebarde ? — Je l'aurais fait certainement, répondit l'autre, s'il ne m'avait mordu que de la queue. »

CHAPITRE VII.

LA PRÉPOSITION.

§ 76. DÉFINITION ; LISTE DES PRÉPOSITIONS.

QUESTIONS THÉORIQUES.

1. Qu'est-ce que la préposition ?
2. Comment s'appelle le mot qui suit la préposition ?
3. De quelle nature est toujours ce complément ?

4. Pourquoi appelle-t-on cette espèce de mot *préposition*?

5. A quel cas les prépositions latines régissent-elles leur complément?

6. Comment a-t-on divisé les prépositions latines?

7. Citez quelques prépositions qui gouvernent l'accusatif.

8. Citez quelques prépositions qui gouvernent l'ablatif.

9. Pourquoi dites-vous *a*, *ab*, ou *abs* d'abord, et ensuite *e*, ou *ex*?

10. *A* ou *ab*, et *e* ou *ex*, ont-ils exactement le même sens?

11. Donnez un exemple qui montre leur différence.

12. Vous expliquez *pro* par *pour*; c'était déjà un des sens de *ad*. Ces deux prépositions, *ad* et *pro*, ont-elles le même sens?

13. Quelles prépositions gouvernent tantôt l'accusatif, tantôt l'ablatif?

14. *In* gouverne-t-il indifféremment les deux cas?

15. Donnez des exemples.

16. Comment se comportent *sub* et *subter*?

17. Comment se comporte *super*?

69ᵉ SUJET. VERSION.

Salve, Narbo, potens salubritate,
Urbe et rure simul bonus [1] videri,
Muris, civibus, ambitu, tabernis,
Portis, porticibus, foro, theatro,
Thermis, arcubus, horreis, macellis,
Pratis, fontibus, insulis, salinis,
Stagnis, flumine, merce, ponte, ponto.

---

[1] *Narbo* est du masculin en latin, tandis que *Narbonne* en français est du féminin.

Unus qui venerere jure divos
Lenæum, Cererem, Palem, Minervam,
Spicis, palmite, pascuis, trapetis. (Sid. Apoll.)

QUESTIONS APPLIQUÉES.

1. Qu'est-ce que *salubritate*?
2. Pourquoi ce mot est-il à l'ablatif?
3. Qu'est-ce que ces mots *urbe*, *rure*, *muris*, *civibus*, etc.?
4. Pourquoi tous ces ablatifs ici?
5. Qu'est-ce que *jure*, *divos*?
6. Qu'est-ce que *venerere*?
7. Pourquoi *jure* est-il à l'ablatif?
8. Qu'est-ce que *Lenæum, Cererem, Palem, Minervam*?
9. Qu'est-ce que *spicis, palmite, pascuis, trapetis*?
10. Expliquez mot à mot ces quatre expressions.

70ᵉ SUJET : THÈME.

La Saône, découlant du mont Vogesus (les Vosges), se mêle au Rhône. — L'Aniger, chez les Cicones, est un fleuve dont la liqueur met une croûte de marbre sur les choses touchées (c'est-à-dire qu'il touche). — La Moselle, fleuve de Belgique, se jette dans le Rhin. — Langia est une fontaine dans la forêt de Némée, auprès de laquelle un combat annuel est célébré en l'honneur d'Archémore, fils de Lycurgue. — Le fleuve Acis coule du mont Etna dans la mer. — Le fleuve Hypanis sépare l'Asie de l'Europe.

§ 77. SYNTAXE DES PRÉPOSITIONS.

QUESTIONS THÉORIQUES.

1. Quelles règles se rapportent à la syntaxe des prépositions?
2. Qu'est-ce que l'ablatif absolu?
3. Donnez-en un exemple.
4. Comment rend-on en latin le nom qui exprime la matière dont une chose est faite?

5. Comment exprime-t-on en latin les noms de mesure ou de distance?

6. A quel cas met-on ce nom de mesure s'il y a dans la phrase un comparatif?

7. A quel cas met-on le nom de l'instrument avec lequel on fait quelque chose?

8. A quel cas met-on le nom qui indique la manière dont une chose est faite?

9. A quel cas met-on le nom de la partie par où l'on fait quelque chose?

10. A quel cas se met le nom qui indique le prix d'une chose?

11. Met-on aussi à l'ablatif les noms abstraits de quantité qui signifient *peu*, *beaucoup*, *plus*, *moins*, *tant*, *que* ou *combien*, *assez*, *trop*, quand on les emploie avec les verbes de prix ou d'estime?

71ᵉ SUJET : VERSION.

De cœlestibus naturis quæ universaliter vocantur angelicæ, pars quædam plus appetens quàm ei natura atque ipsius auctor naturæ tribuerat, de cœlesti sede projecta est : et quoniam angelorum numerum, id est supernæ illius civitatis cujus cives angeli sunt, imminutum noluit conditor permanere, formavit ex terrâ hominem, atque spiritu vitæ animavit, ratione composuit, arbitrii libertate decoravit, eumque, præfixâ lege, paradisi deliciis constituit ut, si sine peccato manere vellet, tam ipsum quàm ejus progeniem angelicis cœtibus sociaret; ut quia superior natura per superbiæ malum ima petierat, inferior substantia per humilitatis bonum ad superna conscenderet. (Boeth., *Conf. fidei*.)

QUESTIONS APPLIQUÉES.

1. Qu'est-ce que *sede*?
2. Qu'est-ce que *terrâ*?
3. Qu'est-ce que *spiritu*?

LA PRÉPOSITION.

4. Qu'est-ce que *ratione?*
5. Qu'est-ce que *præfixâ lege?*
6. Qu'est-ce que *per malum?*
7. Qu'est-ce que *per bonum* qui vient après?

72ᵉ SUJET : THÈME.

Un certain marquis bien connu à Paris, lorsqu'il avait emprunté de l'argent, oubliait toujours de le rendre. Il alla trouver un jour Samuel Bernard, banquier célèbre, lui dit qui il était, et ajouta : « Vous serez sans doute bien étonné ; car lorsque vous ne m'êtes pas connu du tout, je viens pour vous emprunter mille pièces d'or. — Vous serez bien plus étonné encore, répondit Samuel : car je vous connais parfaitement et je vais vous les prêter. »

§§ 78, 79. QUESTIONS DE TEMPS.

QUESTIONS THÉORIQUES.

1. Qu'est-ce que les *questions de temps?*
2. Combien y a-t-il de questions de temps?
3. A quel cas met-on le nom à la question *quandò?*
4. Donnez un exemple.
5. Quel adjectif numéral prend-on à cette question pour indiquer les heures, les années?
6. Comment exprime-t-on en latin les dates déterminées?
7. Donnez un exemple.
8. S'il s'agit d'un projet, d'une intention, comment exprime-t-on le nom de temps?
9. Que fait-on s'il s'agit d'un temps futur?
10. Donnez un exemple.
11. A quel cas se met le nom à la question *quamdiù?*
12. Donnez un exemple.
13. Comment s'exprime l'âge?

14. Comment exprime-t-on le temps à la question *quamdudum?*

15. Donnez un exemple.

16. Comment faites-vous s'il s'agit d'un temps tout à fait écoulé, d'une chose entièrement finie?

17. Donnez un exemple.

18. Peut-en employer une autre tournure?

19. Donnez un exemple.

20. Comment fait-on à la question *quanto tempore?*

21. Donnez un exemple.

22. Ne peut-on pas aussi employer *intra?*

73e SUJET : VERSION.

Quandò redibis domum? — Quum accersar à patre. — Quâ die istud erit? — Fortassè hinc ad quatuor dies. — Cur vos tam sæpè commeatis? — Sic volunt parentes. — Quid agitis domi? — Quod jubemur à parentibus. — Sed interim perit vobis studiorum tempus? — Non omninò perit. Quotièes pater non est necessariò occupatus, omnibus horis exercet nos, mane, antè et post prandium, ante cœnam, à cœna satis diù, postremò etiam antequam cubitum eamus. (Math. Cordier.)

QUESTIONS APPLIQUÉES.

1. A cette question : *Quandò redibis domum?* répondez en latin : Mardi; le troisième jour avant les ides; le lendemain des calendes.

2. A quel cas est *quâ die* dans la question *quâ die istud erit?*

3. Pourquoi *omnibus horis* est-il à l'ablatif?

4. Mettez en latin cette phrase : Il nous a exercés pendant trois heures.

5. Quelle question est-ce là?

6. Mettez en latin cette phrase : Il y a trois mois qu'il nous exerce.

7. Quelle question est-ce là?

LA PRÉPOSITION.

8. Mettez en latin : Il y a déjà deux heures que je désire déjeuner.

9. Traduisez la même phrase en employant *abhinc*.

74ᵉ SUJET : THÈME.

PAMPHAGE. Ou mes yeux n'y voient plus du tout, ou c'est Leborgne mon ancien compagnon de table que j'aperçois. — LEBORGNE. Tes yeux ne te trompent pas. Tu vois un ancien camarade dont le cœur est resté tout à toi. Personne n'avait plus aucun espoir de ton retour, à toi qui as été absent pendant tant d'années ; tout le monde ignorait d'ailleurs quelle contrée te possédait. Mais enfin d'où viens-tu, je te prie ? — PAMPHAGE. Des antipodes. — LEBORGNE. N'est-ce pas plutôt des îles fortunées ? — PAMPHAGE. Je me réjouis de ce que tu as reconnu ton camarade ; car je craignais de rentrer chez moi comme Ulysse à Ithaque. — LEBORGNE. Et comment y est-il rentré ? — PAMPHAGE. Il n'a pas même été reconnu par sa femme. Son chien seul, déjà vieux, en remuant la queue, a témoigné qu'il reconnaissait son maître. — LEBORGNE. Combien d'années avait-il été absent ? — PAMPHAGE. Vingt ans. — LEBORGNE. Tu as été éloigné de moi plus d'années encore, et cependant ton visage ne m'a pas échappé.

§§ 80 à 83. QUESTIONS DE LIEU.

QUESTIONS THÉORIQUES.

1. Qu'appelle-t-on *questions de lieu* ?

2. Combien y a-t-il de questions de lieu ?

3. A quel cas se met le nom de lieu à la question *ubi* ?

4. Si ce nom de lieu est un nom propre de ville, que fait-on ?

5. N'emploie-t-on pas un autre cas que l'ablatif ?

6. Les noms *rus* et *domus* ne sont-ils pas considérés comme noms propres de villes ?

7. A la question *ubi*, comment exprime-t-on le nom de la personne ?

8. Quels sont les adverbes ou noms de lieu qui appartiennent à la question *ubi*?

9. A quel cas se met le nom de lieu à la question *quò*?

10. Si le nom de lieu est un nom propre de ville, comment fait-on?

11. Comment fait-on pour les noms *rus* et *domus*?

12. A quel cas se mettent le nom de la personne et celui de la chose à la question *quò*?

13. Quels sont les noms ou adverbes de lieu qui appartiennent à la question *quò*?

14. A quel cas met-on le nom de lieu à la question *undè*?

15. Que fait-on si le nom de lieu est un nom propre de ville, ou bien *rus* ou *domus*?

16. A la question *undè*, à quel cas se mettent le nom de la personne et celui de la chose?

17. Quels noms ou adverbes de lieu appartiennent à la question *undè*?

18. A quel cas met-on le nom de lieu à la question *quà*?

19. Quels sont les noms ou adverbes de lieu qui appartiennent à la question *quà*?

20. Tous ces mots sont-ils réellement adverbes?

21. Comment se traduisent en latin les mots *y* et *en*, quand ils indiquent des lieux?

22. Que fait-on quand après un nom propre de ville se trouve le nom commun *ville*, *endroit*, etc.?

23. Si le nom commun *ville* est devant le nom propre, que fait-on?

24. Que fait-on des mots *rus* et *domus* quand ils sont suivis d'un complément ou d'un adjectif?

LA PRÉPOSITION.

75ᵉ SUJET : VERSION.

MAGISTER. Undè venis? — PUER. Ex urbe. — MAGISTER. Quod erat tibi negotium in urbe? — PUER. Exiveram ad salutandam matrem, quæ Rothomago cum fratre meo rediit. — MAGISTER. Bonâne fruitur valetudine! — PUER. Optimâ, præceptor. — MAGISTER. Gratiæ tibi sunt Deo peragendæ quod matrem tam venerandam tibi concesserit. Sede nunc ad mensam et mane cubiculo. — PUER. Quidnam agam intereà? — MAGISTER. Discito prælectionem in diem crastinum ut eam mihi reddas ad cœnam. — PUER. Jam edidici, præceptor. — MAGISTER. Lude igitur. — PUER. Sed nullos habeo collusores. — MAGISTER. Satis multos invenies in hâc viciniâ ex tuis etiam condiscipulis. — PUER. Nihil id curo; nunc malim, si tibi placet, ediscere de catechismo in diem dominicam. (Math. Cordier.)

QUESTIONS APPLIQUÉES.

1. Quelle est cette question de lieu : *Undè venis?*
2. Pourquoi l'enfant répond-il *ex urbe?*
3. S'il avait voulu dire : « Je viens de Rome », aurait-il mis *è Româ venio?*
4. Quelle est cette question de lieu : *Quod erat tibi negotium in urbe?*
5. Comment mettrait-on en latin : Quelle affaire avais-tu à Paris, en traduisant *Paris* par *Parisii, iorum?*
6. A quel cas est *Parisiis?*
7. Comment mettrait-on en traduisant *Paris* par *Lutetia, iæ?*
8. A quel cas est *Lutetiæ?* et par quelle raison?
9. Dans la phrase : *quæ Rothomago cum fratre rediit*, quelle est la question de lieu?
10. A quel cas est *Rothomago?*
11. *Fratre meo* est à l'ablatif : est-ce aussi à cause de la question de lieu?
12. A quel cas est *optimâ* dans la réponse de l'enfant?
13. Y a-t-il une question de lieu dans *sede ad mensam?*
14. Y a-t-il une question de lieu dans *mane cubiculo?*

15. Aurait-on pu exprimer la préposition sous-entendue?

16. Quelle question y a-t-il dans ces mots : *discito præ-lectionem in diem crastinum.*

17. Quelle question y a-t-il dans ces mots : *multos invenies in hâc viciniâ?*

18. Par quelle règle dit-on *multos ex tuis condiscipulis?*

19. Expliquez ces mots : *ediscere de catechismo in diem dominicam.*

76ᵉ SUJET : THÈME.

DAVE. Quand dois-tu partir pour aller chez toi? — BAILLEN. Demain, avec l'aide de Dieu. — DAVE. Qui te l'a commandé? — BAILLEN. Mon père. — DAVE. Quand te l'a-t-il ordonné? — BAILLEN. Il m'a écrit la semaine dernière. — DAVE. Quel jour as-tu reçu la lettre? — BAILLEN. Vendredi. — DAVE. Que contenait en outre la lettre? — BAILLEN. Que tout le monde se portait bien, et qu'au premier jour commencerait la vendange. — DAVE. O heureux homme qui vas vendanger! — BAILLEN. Veux-tu que je dise à mon père de t'inviter? — DAVE. Que tu me ferais plaisir! Mais je crains qu'il ne le veuille pas. — BAILLEN. Au contraire, il s'en réjouira, tant à cause de notre liaison que parce que nous nous exercerons à parler latin et que nous conférerons de temps en temps de nos études.

CHAPITRE VIII.

LA CONJONCTION.

§ 84. DÉFINITION ; LISTE DES CONJONCTIONS.

QUESTIONS THÉORIQUES.

1. Qu'est-ce que la *conjonction?*
2. Donnez un exemple.
3. Retrouvez dans chacune de ces propositions les trois termes qu'il doit y avoir.

LA CONJONCTION.

4. Comment a-t-on voulu diviser les conjonctions?
5. Quelle division est préférable?
6. Qu'est-ce que les conjonctions *copulatives*?
7. Deux propositions réunies par une conjonction copulative et considérées entre elles, ont-elles un nom?
8. Qu'est-ce en grammaire qu'une proposition *principale*?
9. Comment appelez-vous une proposition qui en détermine une autre?
10. Donnez un exemple.
11. Quelles sont les conjonctions subordonnantes?
12. Citez quelques conjonctions copulatives.
13. Y a-t-il quelque chose à remarquer sur elles?
14. Indiquez quelques conjonctions qui se redoublent.
15. Indiquez quelques conjonctions qui se mettent après le premier mot de la phrase ou du membre de phrase.
16. Indiquez quelques conjonctions composées.
17. Citez quelques conjonctions subordonnantes.
18. Y a-t-il des conjonctions subordonnantes composées?
19. Les diverses formes des adjectifs conjonctifs ne servent-elles pas aussi de conjonction?
20. Donnez des exemples où ils entrent en composition.

77ᵉ SUJET : VERSION.

Cornicula sedens in ove, dum tergum fodit :
« Injuriam ex te quam patior, inquit bidens,
Cani si faceres, ferres infortunium. »
Respondit illa : « Quibus illudam, scio ;
Molesta placidis, morigera ferocibus. »
— Malitia sæpè comitem habet prudentiam. (Desbillons.)

CHAPITRE VIII.

QUESTIONS APPLIQUÉES.

1. Combien y a-t-il de propositions depuis *cornicula* jusqu'à et y compris *infortunium*?

2. Indiquez-les successivement, en faisant la construction.

3. Montrez les trois termes de la première; dites si elle est principale ou secondaire.

4. Montrez les trois termes de la seconde[1], et déterminez-en la qualité.

5. Montrez les trois termes de la troisième proposition, et indiquez ce qu'elle est.

6. Montrez les termes de la quatrième, et dites ce qu'elle est.

7. Montrez les termes de la cinquième, et dites ce qu'elle est.

8. Comment est-elle principale si le verbe est au subjonctif?

9. Comment appelle-t-on cette opération par laquelle on décompose ainsi, et l'on retrouve les termes des propositions?

10. Combien y a-t-il de propositions dans ce qui suit jusqu'à *ferocibus*?

11. Faites l'analyse logique de *illa respondit*.

12. Faites l'analyse logique de *scio*.

13. Faites l'analyse logique de la dernière proposition.

14. Faites l'analyse logique de la phrase *malitia*, etc.

78ᵉ SUJET : THÈME.

Le jeune homme mondain, dès qu'ayant essuyé la poussière du collége, il a appris dans le cercle des femmes l'art de se parer, de s'habiller, de se chausser, combien il se paraît à lui-

---

1. *Inquit* vaut *est inquiens*. *Inquiens* n'est pas latin, de sorte que la décomposition ne serait pas correcte; elle n'est pas moins réelle, parce qu'elle représente une opération de notre esprit, et non telle ou telle habitude de langage.

même agréable, poli, bien élevé sans tout l'ennui des Muses! Il ne se passe dans toute la ville aucune intrigue d'amour qu'il ne la sache. Toutes les rumeurs, tous les moindres bruits, il les reçoit et les rend. Habile surtout à danser, à chanter, à causer; appréciateur des tragédies et des comédies aussitôt qu'elles sont représentées en public, et même avant qu'elles paraissent, on le voit rire, sourire, se moquer avec élégance. Au foyer, à la fenêtre, à la promenade, il joue ce rôle, avec quel art et quelle mollesse! Il est tout sel, et fleur, et suc d'une politesse légère. Il ne manque qu'une chose à ce jeune homme si parfait : c'est qu'il ne peut supporter ni le travail de lire, ni même celui de penser.

§ 85. SYNTAXE DES CONJONCTIONS.

QUESTIONS THÉORIQUES.

1. Que fait-on quand des phrases sont jointes ensemble par une conjonction simplement copulative?
2. Que fait-on si la conjonction est subordonnante?
3. Que dites-vous sur le mode que régissent les conjonctions?
4. Qu'avez-vous à dire des conjonctions qui ont plusieurs significations?
5. Donnez des exemples.
6. La conjonction *ut* peut-elle gouverner les deux modes?
7. La conjonction *quum* ne donne-t-elle pas lieu à une distinction semblable?
8. Pourquoi avez-vous dit qu'il fallait aussi considérer le temps dans le mode?
9. Où peut-on trouver l'indication de toutes ces différences?

79e SUJET : VERSION.

L. Otacilius Pilitus servisse dicitur, atque etiam ostiarius veteri more in catenâ fuisse; donec ob ingenium ac studium litterarum manumissus, accusanti patrono subscripsit. Deindè rhetoricam professus, Cneium Pompeium Magnum docuit, patrisque ejus res gestas nec minus ipsius, compluribus libris exposuit; primus omnium libertinorum, ut Cornelius Nepos opinatur, scribere historiam orsus, non nisi ab honestissimo quoque scribi solitam. (Suet., *de Rhet.*)

QUESTIONS APPLIQUÉES.

1. Quelle conjonction est *atque etiam*, et que fait-elle dans la phrase?
2. Quelle conjonction est *donec*, et que fait-elle dans la phrase?
3. Qu'est-ce que *que* dans *patrisque*?
4. Qu'est-ce que *nec*?
5. Qu'est-ce que *ut*?
6. Quelles propositions lie-t-elle?
7. Qu'est-ce que *nisi*?
8. Il n'y a pas de verbe exprimé après cette conjonction; quelle peut être la proposition qu'elle commence.

80ᵉ SUJET : THÈME.

Un homme avait un corbeau qu'il élevait avec le plus grand soin. « Je m'étonne, lui dit-on, que vous nourrissiez un si vilain animal. » Il répondit naïvement : « Je n'ai garde de croire qu'il soit beau ; mais on prétend qu'il vit trois cents ans, je veux m'en assurer par moi-même. » Il se trouvait un jour dans une compagnie avec une dame de beaucoup d'esprit, qui racontait une histoire fort amusante. Le feu prit à sa robe. Personne ne s'en aperçut, excepté notre homme. Que pensez-vous qu'il fît? Il écouta tranquillement et n'avertit la dame que quand elle eut fini de parler. On lui demanda pourquoi il n'avait rien dit jusque-là. « La politesse, répondit-il, défend d'interrompre les gens quand ils parlent. »

§§ 86 à 89. LA CONJONCTION FRANÇAISE *QUE*.
CORRESPONDANCE DES TEMPS ET DES MODES.
LA CONJONCTION *QUÀM*. PHRASES ANTIPARALLÈLES.

QUESTIONS THÉORIQUES.

1. Quelle est la conjonction la plus usitée en français?

2. Comment se rend-elle en latin dans le sens de *afin que?*

3. N'est-elle pas, dans ce sens, remplacée en français par *de* avec l'infinitif?

4. Comment *que* se rend-il après *craindre, appréhender,* etc.

5. S'il y a *ne* et *pas* après les mêmes verbes, comment rend-on *que* et ces mots?

6. Comment rend-on *que,* ou *de* suivi d'un infinitif, après les verbes *empêcher, défendre?*

7. Comment rend-on les mêmes tournures, si les mêmes verbes sont dans des phrases interrogatives ou négatives?

8. Comment rend-on le *que* français après *se réjouir, être fâché, avoir honte,* etc.?

9. Comment rend-on *que* après les verbes qui signifient *attendre?*

10. Comment rend-on *que* après *être cause* et d'autres phrases de même signification?

11. Comment rend-on *que* après *douter?*

12. Si *douter* est accompagné d'une négation ou d'une interrogation, que fait-on?

13. Qu'entendez-vous par la correspondance des temps et des modes?

14. Quelle est la règle générale pour les temps?

15. Quel mode demandent les conjonctions interrogatives?

16. Donnez un exemple.

17. Si la phrase est exclamative, que fait-on?

18. Donnez un exemple.

19. La conjonction *quàm* n'a-t-elle pas en latin des usages variés?

20. Cet emploi est-il constant?

21. Quand c'est un verbe qui suit le comparatif, qu'y a-t-il à faire?

22. *Quàm* ne se met-il pas devant les superlatifs latins?

23. *Quàm* après un comparatif n'est-il pas quelquefois suivi de *ut* avec le subjonctif?

24. Qu'est-ce que des phrases antiparallèles?

25. Quels sont les mots qui indiquent le plus souvent cette opposition symétrique?

26. Comment arrange-t-on ceux de ces mots qui sont déclinables?

27. Mettez en latin : plus on possède, plus on désire; et expliquez la forme des deux mots corrélatifs.

28. Mettez en latin : je vous estime autant que vous m'estimez; et expliquez la forme des deux mots.

29. Mettez en latin : cela a paru d'autant plus étonnant qu'on ne s'y attendait pas; et expliquez la forme des mots.

30. Ne met-on pas quelquefois le second verbe au subjonctif, le verbe principal étant à l'indicatif?

31. A quoi répond cette tournure latine?

81ᵉ SUJET : VERSION.

Legi tuas litteras quibus ad me scribis gratum tibi esse quòd crebrò certior per me fias de omnibus rebus et meam erga te benevolentiam facilè perspicias. Quorum alterum mihi, ut te plurimùm diligam, necesse est, si volo is esse quem tu me esse voluisti; alterum facio libenter ut, quoniam intervallo locorum et temporum disjuncti sumus, per litteras tecum quàm sæpissimè colloquar. Quod si rariùs fiat quàm tu exspectabis, id erit causæ quòd non ejus generis meæ litteræ sunt, ut eas audeam temerè committere. Quoties mihi certorum hominum potestas erit quibus rectè dem, non prætermittam. (Cic. *Epist.*).

QUESTIONS APPLIQUÉES.

1. Qu'est-ce que *quibus?*
2. Qu'est-ce *quòd?*
3. Qu'est-ce que *quorum?*
4. Qu'est-ce que *is esse quem tu*, etc.?
5. Qu'est-ce que *alterum* au commencement de deux phrases?
6. Qu'est-ce que ces deux conjonctions *ut* et *quoniam*, qui se suivent?
7. Que signifie ce mot *quàm sæpissimè?*
8. Quelle est cette construction *rariùs fiat quàm tu exspectabis?*
9. Pourquoi après *id erit causæ* y a-t-il *quòd* et non pas *cur?*
10. Qu'est-ce que *ut* dans les phrases suivantes?
11. Qu'est-ce que *quibus*, dans *quibus rectè dem?*

82e SUJET : THÈME.

L'empereur Titus étant dans l'île de Sicile, des députés de la ville de Tarse lui présentèrent une requête sur des objets qu'il leur importait beaucoup d'obtenir. Titus leur répondit qu'il s'en souviendrait quand il serait de retour à Rome. Les députés parurent satisfaits de cette réponse; mais le philosophe Apollonius qui l'avait entendue, n'en fut point content. « Prince, dit-il, si j'accusais quelqu'un de ceux qui sont avec moi d'avoir conspiré contre votre personne, quel traitement éprouverait-il de votre part? — Je le ferais mourir sur-le-champ, répondit-il. — Quoi! répliqua le philosophe, n'est-il pas honteux pour un empereur, de ne pas différer la vengeance et de différer les grâces? » Titus fut si frappé de cette remontrance qu'il accorda aussitôt aux habitants de Tarse ce qu'ils lui demandaient par leurs députés.

CHAPITRE IX.

L'INTERJECTION.

§ 90. DÉFINITION; LISTE DES INTERJECTIONS.

QUESTIONS THÉORIQUES.

1. A quoi sert l'*interjection*?
2. Quelles sont les véritables interjections?
3. N'y a-t-il pas d'autres interjections?
4. Donnez-en des exemples.
5. Y a-t-il une syntaxe pour les interjections?

83ᵉ SUJET : VERSION.

(*Un avare retrouve sa cassette.*)

O magne Jupiter! O lar familiaris, et
Regina Juno, et noster thesaurarie
Alcide, tandem miserati miserum senem!
Oh! oh! Quàm lætis, aula, tibi amicus senex,
Complector ulnis et te dulci capio osculo!
Expleri nequeo mille vel complexibus,
O spes, ô cor luctum depulverans meum [1].

QUESTIONS APPLIQUÉES.

1. Qu'est-ce que *ô* dans le premier vers?
2. Que sont ces petites phrases ou sections de phrases *ô magne Jupiter! ô lar familiaris*, etc.

[1]. Ces vers ont été ajoutés à la comédie de Plaute intitulée *Aulularia*.

L'INTERJECTION. 93

3. Qu'est-ce que *oh! oh!*
4. Que signifie ce mot *quàm* placé au commencement de la phrase suivante?
5. Qu'est-ce que *ó spes! ó cor?*

84ᵉ SUJET : THÈME.

Mocénigo, doge des Vénitiens, avait engagé Henri de Valois, lorsqu'il était à Venise, à étouffer les discordes civiles, à adoucir ses sujets par des bienfaits, à pacifier enfin les esprits. Mais Henri négligea ces conseils, et lui qui, du vivant de son frère Charles neuf, avait paru très-digne du commandement, qui avait été appelé par les vœux de tous, excita au contraire un grand mécontentement de lui-même.

CHAPITRE X.

FIGURES DE CONSTRUCTION.

§§ 91, 92, 93. DÉFINITION ; INVERSION ; PLÉONASME ; SYLLEPSE ; ELLIPSE.

QUESTIONS THÉORIQUES.

1. Quelles sont les figures de construction dont on s'occupe dans la grammaire?
2. Qu'est-ce que l'*inversion?*
3. Donnez-en un exemple.
4. N'y a-t-il pas une inversion remarquable dans les phrases antiparallèles étudiées précédemment?
5. Qu'est-ce que le *pléonasme?*
6. Donnez-en un exemple.
7. Le pléonasme est-il à louer ou à blâmer?
8. Qu'est-ce que la *syllepse?*
9. Qu'est-ce que l'*ellipse?*

10. Donnez des exemples.

11. N'y a-t-il pas des ellipses fort ordinaires dans les réponses aux interrogations?

12. A quel cas met-on le nom qui entre dans la réponse?

13. Donnez un exemple.

14. Si dans l'exemple : à qui importe-t-il? à César, au lieu de *à César*, il y avait eu *à moi, à toi, à nous*, etc., comment aurait-on mis?

15. N'y a-t-il pas une ellipse remarquable dans l'emploi de *ex quo*?

85ᵉ SUJET : VERSION.

Rem omnem a principio audies,
Eo pacto et gnati vitam et consilium meum
Cognosces et quid facere in hac re te velim.
Nam is postquam excessit ex ephebis, Sosia,
Liberiùs vivendi fuit potestas : nam antea
Qui scire possem aut ingenium noscere,
Dum ætas, metus, magister prohibebant?
Quod plerique omnes faciunt adolescentuli,
Ut animum ad aliquod studium adjungant, aut equos
Alere, aut canes ad venandum, aut ad philosophos;
Horum ille nihil egregiè præter cetera
Studebat; et tamen omnia hæc mediocriter.
Gaudebam. — Non injuriâ; nam id arbitror
Apprimè in vitâ esse utile, ut ne quid nimis.
— Sic vita erat : facilè omnes perferre ac pati,
Cum quibus erat cumque unà, iis sese dedere,
Eorum obsequi studiis, adversus nemini;
Nunquam præponens se illis; ita facillimè
Sine invidiâ laudem invenias et amicos pares. (Ter., *Andr.*)

QUESTIONS APPLIQUÉES.

1. Y a-t-il quelques figures dans ces deux vers *Eo pacto.... velim?*

2. Quelles figures y a-t-il dans les quatre vers qui suivent : *nam his.... prohibebant?*

3. Quelles figures y a-t-il dans les cinq vers suivants : *quod plerique.... mediocriter?*

4. Y a-t-il quelques figures dans *gaudebam?*

5. Quelle figures y a-t-il dans la réponse de Sosie, *non injuriâ.... nimis?*

6. Quelles figures y a-t-il dans les vers suivants jusqu'à la fin ?

86ᵉ SUJET : THÈME.

Dangers de l'astrologie judiciaire. — Il n'y a pas d'hommes plus nuisibles à la république que ces gens qui, d'après les astres, l'inspection des mains, les songes ou autres moyens de divination, annoncent l'avenir et colportent partout leurs prédictions. Ce sont des gens d'ailleurs odieux à Jésus-Christ et à tous ceux qui croient en lui, et dont Tacite se plaint en ces termes : « Les mathématiciens (c'est le nom qu'on leur donnait), espèce d'hommes sans foi pour les princes, trompeurs pour ceux qui les écoutent, toujours exclus de notre cité, et qu'on n'a jamais pu en chasser. » Bien plus, Varron, auteur grave assurément, déclare que toutes les vanités des superstitions découlent de l'astrologie.

§§ 94 à 97. ATTRACTION; HYPALLAGE; PÉRIPHRASE; EXPRESSIONS REMPLACÉES PAR DES ÉQUIVALENTS.

QUESTIONS THÉORIQUES.

1. Qu'est-ce que l'*attraction?*

2. Donnez un exemple.

3. Le nominatif peut-il être aussi attiré par un mot qui n'est ni sujet ni attribut?

4. Y a-t-il une attraction dans cette phrase *animal quem vocamus leonem?*

5. N'y a-t-il pas une attraction dans *felicior quàm prudentior?*

6. Qu'est-ce que l'*hypallage?*

7. Donnez un exemple en français.

8. L'hypallage est-elle une figure commune?

9. Donnez-en un exemple en latin.

10. Qu'est-ce que la *périphrase?*

11. Donnez un exemple.

12. Avons-nous à étudier la périphrase à un point de vue général?

13. Donnez un exemple de formes françaises qu'on ne peut rendre en latin que par une périphrase.

14. Comment peut-on rendre les participes passifs dans les verbes latins correspondants, s'ils sont intransitifs ou déponents?

15. Comment peut-on rendre en latin une phrase comme celle-ci : je crois que vous vous repentirez?

16. Nos temps composés en français ne sont-ils pas des périphrases?

17. Le latin a-t-il des formes analogues?

18. Donnez un exemple de futur composé au subjonctif.

19. Comment formez-vous le futur passé du même mode?

20. N'y a-t-il pas beaucoup d'expressions que l'on peut rapporter à la périphrase quand on passe d'une langue à une autre?

21. Donnez un exemple sur *præditus virtute.*

22. Comment dit-on en latin : j'ai besoin de?

23. Quels sens exprime la forme réfléchie de nos verbes? le latin peut-il les exprimer tous?

24. Comment traduit-on en latin les verbes réfléchis proprement dits?

25. Comment traduit-on les verbes que nous appelons réciproques?

26. Comment traduit-on les verbes réfléchis qui ont le sens passif?

27. N'y a-t-il pas une tournure remarquable en latin pour dire *ignorer?*

87ᵉ SUJET : VERSION.

Si quis deus : « En ego, dicat,
Jam faciam quod vultis. Eris tu, qui modò miles,
Mercator ; tu, consultus modò, rusticus. Hinc vos,
Vos hinc mutatis discedite partibus. Eia !
Quid? Statis? Nolint. Atqui licet esse beatis. » (Hor. *Sat.*, I, 1.)

QUESTIONS APPLIQUÉES.

1. Quelles figures y a-t-il dans le premier vers ?
2. Quelles figures y a-t-il dans le second vers ?
3. Quelles figures y a-t-il dans *tu consultus modò, rusticus* ?
4. Quelles figures y a-t-il dans le dernier vers ?

88ᵉ SUJET : THÈME.

Suite des dangers de l'astrologie. — L'astrologie ôte la foi à la religion, affaiblit les miracles, et détruit la Providence, quand elle enseigne que tout arrive par la force des constellations ou dépend des astres par une nécessité fatale. Bien plus, elle patronne tous les vices, et les excuse en les faisant descendre en nous par une influence céleste. Elle souille et renverse les sciences les plus louables, et d'abord la philosophie, en cherchant les causes des phénomènes dans les fables, au lieu d'en indiquer les raisons véritables ; ensuite la médecine, en la détournant des remèdes naturels et efficaces pour la livrer à des observations vaines, à des superstitions perverses et funestes au corps et à l'esprit ; enfin elle détruit de fond en comble les lois et les mœurs et tout ce qui tient à la sagesse humaine, lorsque consultée seule sur ce qu'il faut faire, elle décide en quel temps, par quelles raisons, par quels moyens on le fera.

CHAPITRE XI.

LA PONCTUATION.

---

§§ 98, 99. SIGNES DE PONCTUATION ; LEUR USAGE ;
SIGNES AUXILIAIRES.

QUESTIONS THÉORIQUES.

1. Combien y a-t-il de marques pour indiquer les endroits du discours où l'on doit s'arrêter?
2. A quoi sert la *virgule?*
3. A quoi sert le *point et virgule?*
4. A quoi servent les *deux points?*
5. Les deux points n'ont-ils pas beaucoup de ressemblance avec le point et virgule?
6. A quoi sert le *point?*
7. Ne se met-il pas aussi après les mots écrits en abrégé?
8. A quoi sert le *point d'interrogation?*
9. A quoi sert le *point d'exclamation?*
10. N'y a-t-il pas encore quelques signes qui rentrent dans les signes de ponctuation?
11. Qu'est-ce que les *crochets* ou la *parenthèse?*
12. A quoi servent les *guillemets?*
13. A quoi sert le *tiret?*
14. A quoi sert le *trait-d'union?*
15. A quoi servent les *points suspensifs?*

89e SUJET : VERSION.

.... Complexio est quæ utramque complectitur exornationem, et hanc (conversionem) et quam antè exposuimus (repetitionem); ut et repetatur idem primum verbum sæpiùs, et crebrò ad idem postremum revertatur, hoc modo : « Quem senatus damnârit, quem populus Romanus damnârit, quem omnium existimatio damnârit, eum vos sententiis vestris absolvetis ? » (Ad Herenn. IV, 14.)

QUESTIONS APPLIQUÉES.

1. Pourquoi y a-t-il des points avant le premier mot ?
2. Pourquoi y a-t-il une virgule après *exornationem* ?
3. Pourquoi y a-t-il une parenthèse après *hanc* ?
4. Pourquoi y a-t-il une parenthèse après *exposuimus* ?
5. Pourquoi y a-t-il un point-et-virgule après cette parenthèse ?
6. Pourquoi y a-t-il deux points après *hoc modo* ?
7. Pourquoi y a-t-il des guillemets au commencement et à la fin de l'exemple ?
8. Quel signe de ponctuation y a-t-il dans l'intérieur de cette citation ?
9. Quel est le signe de ponctuation placé après le dernier mot ?

90ᵉ SUJET : THÈME.

EUSÈBE. Quels nouveaux oiseaux vois-je ici ? Si je ne me trompe, ce sont trois anciens compagnons de plaisir, Pampyrus, Polygame et Glycion. Oui vraiment, ce sont eux. — PAMPYR. Qu'est-ce que tu nous veux, vieux sorcier, avec tes yeux de verre ? Viens donc près de nous, Eusèbe. — POLYG. Bonjour, Eusèbe, toi que nous désirions depuis longtemps. — GLYC. Je te souhaite toutes sortes de prospérités, excellent homme. — EUSÈBE. Portez-vous bien aussi, et recevez mes vœux en un seul salut pour vous tous, mes chers amis. Quels dieux ou quel hasard plus favorable qu'un dieu nous a réunis ici ? Car aucun de nous, je pense, n'a vu l'autre depuis quarante ans : et Mercure lui-même, avec son caducée, n'eût pu nous réunir plus complètement. Çà, que faites-vous ici ?

FIN.

TABLE DES MATIÈRES.

Préface. v

Chap. I. — *Écriture et Lecture.*

§ 1. Grammaire; mots; syllabes; lettres; alphabet. Questions théoriques, 1;—1er sujet, 2;—Questions appliquées, *ib*.

§§ 2, 3. Voyelles; voyelles doubles; diphthongues. Questions théoriques, 2; — 2e sujet, 3; — Questions appliquées, *ib*.

§ 4. Consonnes. Questions théoriques, 4; — 3e sujet, *ib*.; — Questions appliquées, *ib*.

§§ 5, 6, 7. Signes orthographiques; accents; lecture. Questions théoriques, 5; — 4e sujet, 6; — Questions appliquées, *ib*.

Chap. II. — *Le Nom.*

§ 8. Espèces de mots; noms; nombres; genres. Questions théoriques, 6; — 5e sujet, 7; — Questions appliquées, *ib*.

§ 9. Cas, déclinaisons. Questions théoriques, 7; — 6e sujet, 9; — Questions appliquées, *ib*.

§ 10. Première déclinaison. Questions théoriques, 9; — 7e sujet, 10; — Questions appliquées, *ib*.; — 8e sujet, *ib*.; — Questions appliquées, *ib*.

§§ 11, 12. Seconde déclinaison. Questions théoriques, 11; — 9e sujet, *ib*.; — Questions appliquées, 12.

§§ 13, 14. Troisième déclinaison. Questions théoriques, 12; — 10e sujet 13; — Questions appliquées, *ib*.

§ 15. Quatrième déclinaison. Questions théoriques, 13; — 11e sujet, 14; — Questions appliquées, *ib*.

§ 16. Cinquième déclinaison. Questions théoriques, 14; — 12e sujet, *ib*.; — Questions appliquées, 15.

§ 17. Syntaxe des noms. Questions théoriques, 15; — 13e sujet, version, 16; — Questions appliquées, 17; — 14e sujet, thème, *ib*.

Chap. III. — *L'Adjectif.*

§ 18. L'adjectif en général; adjectifs qualificatifs de la première et de la seconde déclinaison. Questions théoriques, 18; — 15e sujet, *ib*.; — Questions appliquées, 19; — 16e sujet, thème, *ib*.

§ 19. Adjectifs de la troisième déclinaison. Questions théoriques, 17; — 17e sujet, 20; — Questions appliquées, *ib*.

§§ 20, 21. Syntaxe des adjectifs. Questions théoriques, 20; — 18e sujet, version, 21; — Questions appliquées, *ib*.; — 19e sujet, thème, *ib*.; — 20e sujet, version, *ib*.; — Questions appliquées, 22.

§ 22. Degrés de signification dans les adjectifs. Questions théoriques, 22; — 21ᵉ sujet, 23; — Questions appliquées, *ib.*

§ 23. Comparatifs et superlatifs irréguliers. Questions théoriques, 24; — 22ᵉ sujet, 25; — Questions appliquées, *ib.*

§ 24. Syntaxe des comparatifs et des superlatifs. Questions théoriques, 26; — 23ᵉ sujet, version, *ib.*; — 24ᵉ sujet, thème, *ib.*

§ 25. Adjectifs déterminatifs; adjectifs démonstratifs. Questions théoriques, 27; — 25ᵉ sujet, 28; — Questions appliquées, *ib.*

§ 26. Adjectifs possessifs. Questions théoriques, 28; — 26ᵉ sujet, 29; — Questions appliquées, *ib.*; — Phrases imitées, 30.

§ 27. Adjectifs indéfinis. Questions théoriques, 30; — 27ᵉ sujet, 31; — Questions appliquées, *ib.*

§§ 28, 29. Adjectifs conjonctifs et leurs composés. Questions théoriques, 31; — 28ᵉ sujet, 32; — Questions appliquées, *ib.*

§ 30. Adjectifs numéraux. Questions théoriques, 33; — 29ᵉ sujet, *ib.*; — Questions appliquées, 34.

§ 31. Syntaxe des adjectifs déterminatifs. Questions théoriques, 34; — 30ᵉ sujet, 35; — Questions appliquées, 36; — 31ᵉ sujet, version, *ib.*

Chap. IV. — *Le Pronom.*

§§ 32, 33. Définition; pronoms des deux premières personnes et de la troisième. Questions théoriques, 37; — 32ᵉ sujet, 38; — Questions appliquées, *ib.*

§ 34. Syntaxe des pronoms. Questions théoriques, 38; — 33ᵉ sujet, 39; — Questions appliquées, *ib.*; — 34ᵉ sujet, version, *ib.*; — 35ᵉ sujet, thème, 40.

Chap. V. — *Le Verbe.*

§§ 35, 36, 37. Définition; personnes; nombres; temps; modes; conjugaison. Questions théoriques, 40; — 36ᵉ sujet, 42; — Questions appliquées, *ib.*

§ 38. Conjugaison du verbe *sum*. Questions théoriques, 43; — 37ᵉ sujet, version, *ib.*; — Questions appliquées, *ib.*

§§ 39, 40. Syntaxe du verbe *sum*; accord et compléments. Questions théoriques, 44; — 38ᵉ sujet, version, 45; — Questions appliquées, *ib.*; — 39ᵉ sujet, version, *ib.*; — Questions appliquées, 46; — 40ᵉ sujet, thème, *ib.*

§§ 41 à 45. Les quatre conjugaisons. Questions théoriques, 46; — 41ᵉ sujet, version, 47; — Questions appliquées, 48; — 42ᵉ sujet, thème, *ib.*

§§ 46, 47, 48. Formation des temps; liaison des temps primitifs; conjugaison mixte; redoublements et syncopes. Questions théoriques, 48; — 43ᵉ sujet, version, 49; — Questions appliquées, *ib.*; — 44ᵉ sujet, version, 50; — Questions appliquées, *ib.*; — 45ᵉ sujet, thème, 51.

§§ 49, 50. Syntaxe des verbes attributifs; accord et compléments. Questions théoriques, 51; — 46ᵉ sujet, version, 52; — Questions appliquées, *ib.*; — 47ᵉ sujet, thème, 53.

§§ 51, 52. Infinitifs compléments de noms, d'adjectifs, de prépositions; doubles compléments des verbes. Questions théoriques, 53; — 48ᵉ sujet, version, 54; — Questions appliquées, *ib.*; — 49ᵉ sujet, thème, 55.
§§ 53 à 57. Les conjugaisons passives. Questions théoriques, 55; — 50ᵉ sujet, version, 56; — Questions appliquées, *ib.*; — 51ᵉ sujet, version, 58; — Questions appliquées, *ib.*; — 52ᵉ sujet, thème, *ib.*
§§ 58, 59. Formation des temps du passif; conjugaison mixte au passif. Questions théoriques, 59; — 53ᵉ sujet, version, 60; — Questions appliquées, *ib.*; — 54ᵉ sujet, thème, *ib.*
§§ 60, 61. Syntaxe des verbes passifs; emploi du passif au lieu de l'actif. Questions théoriques, 61; — 55ᵉ sujet, version, *ib.*; — Questions appliquées, *ib.*; — 56ᵉ sujet, thème, 62.
§§ 62 à 67. Verbes déponents et leurs conjugaisons. Questions théoriques, 63; — 57ᵉ sujet, version, *ib.*; — Questions appliquées, *ib.*; — 58ᵉ sujet, thème, 64.
§ 68. Syntaxe des verbes déponents. Questions théoriques, 64; — 59ᵉ sujet, version, 65; — Questions appliquées, *ib.*; — 60ᵉ sujet, thème, 66.
§§ 69, 70. Verbes pris pour compléments; infinitifs, supins, gérondifs, participes. Questions théoriques, 66; — 61ᵉ sujet, version, 67; — Questions appliquées, *ib.*; — 62ᵉ sujet, thème, 68.
§ 71. Verbes irréguliers. Questions théoriques, 68; — Exercice de conjugaison, 69; — 63ᵉ sujet, version, *ib.*; — Questions appliquées, 70; — 64ᵉ sujet, thème, *ib.*
§ 72. Syntaxe des verbes irréguliers. Questions théoriques, 71; — 65ᵉ sujet, version, *ib.*; — Questions appliquées, 72; — 66ᵉ sujet, thème, *ib.*

Chap. VI. — *L'Adverbe.*

§§ 73, 74, 75. Définition, classification, syntaxe des adverbes. Questions théoriques, 73; — 67ᵉ sujet, version, 74; — Questions appliquées, *ib.*; — 68ᵉ sujet, thème, 75.

Chap. VII. — *La Préposition.*

§ 76. Définition, liste des prépositions. Questions théoriques, 75; 69ᵉ sujet, version, 76; — Questions appliquées, 77; — 70ᵉ sujet, thème, *ib.*
§ 77. Syntaxe des prépositions. Questions théoriques, 77; — 71ᵉ sujet, version, 78; — Questions appliquées, *ib.*; — 72ᵉ sujet, thème, 79.
§§ 78, 79. Questions de temps. Questions théoriques, 79; — 73ᵉ sujet, version, 80; — Questions appliquées, *ib.*; — 74ᵉ sujet, thème, 81.
§§ 80 à 83. Questions de lieu. Questions théoriques, 81; — 75ᵉ sujet, version, 83; — Questions appliquées, *ib.*; — 76ᵉ sujet, thème, 84.

TABLE DES MATIÈRES.

CHAP. VIII. — *La Conjonction.*

§ 84. Définition; liste des conjonctions. Questions théoriques, 84; — 77ᵉ sujet, version, 85; — Questions appliquées, 86; — 78ᵉ sujet, thème, *ib.*

§ 85. Syntaxe des conjonctions. Questions théoriques, 87; — 79ᵉ sujet, version, *ib.*; — Questions appliquées, 88; — 80ᵉ sujet, thème, *ib.*

§§ 86 à 89. La conjonction française *que*; correspondance des temps et des modes; la conjonction *quàm*; phrases antiparallèles. Questions théoriques, 89; — 81ᵉ sujet, version, 90; — Questions appliquées, 91; — 82ᵉ sujet, thème, *ib.*

CHAP. IX. — *L'Interjection.*

§ 90. Définition; liste des interjections. Questions théoriques, 92; — 83ᵉ sujet, version, *ib.*; — Questions appliquées, *ib.*; — 84ᵉ sujet, thème, 93.

CHAP. X. — *Figures de construction.*

§§ 91, 92, 93. Définition; inversion; pléonasme; syllepse; ellipse. Questions théoriques, 93; — 85ᵉ sujet, version, 94; — Questions appliquées, *ib.*; — 86ᵉ sujet, thème, 95.

§§ 94 à 97. Attraction, hypallage; périphrase; expressions remplacées par des équivalents. Questions théoriques, 95; — 87ᵉ sujet, version, 97; — Questions appliquées, *ib.*; 88ᵉ sujet, thème, *ib.*

CHAP. XI. — *La Ponctuation.*

§§ 98, 99. Signes de ponctuation, leur usage; signes auxiliaires. Questions théoriques, 98; — 89ᵉ sujet, version, *ib.*; — Questions appliquées, 99; — 90ᵉ sujet, thème, *ib.*

FIN DE LA TABLE.

Paris. — Imprimerie de Ch. Lahure, rue de Fleurus, 9.

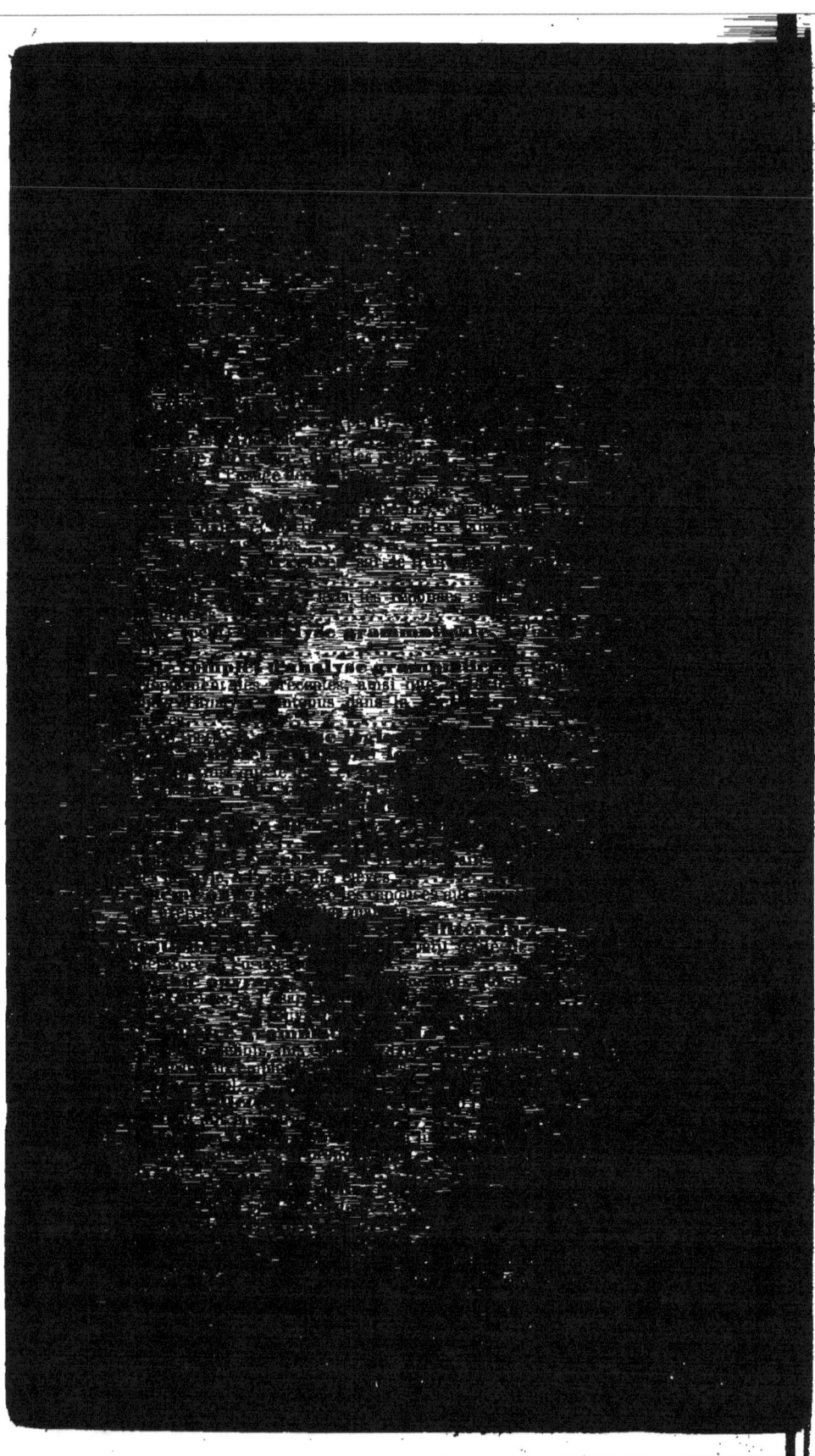

www.ingramcontent.com/pod-product-compliance
Lightning Source LLC
Chambersburg PA
CBHW070531100426
42743CB00010B/2034